Elke Loubier

Richtig schreiben von Beginn an

Band 1

Differenziertes Übungsmaterial zur alphabetischen Rechtschreibstufe

Persen Verlag

Die Autorin Elke Loubier
ist eine erfahrene Deutschlehrerin und hat langjährige Erfahrung in der Förderung von lese- und rechtschreibschwachen Grundschulkindern.

Gedruckt auf umweltbewusst gefertigtem, chlorfrei gebleichtem und alterungsbeständigem Papier.

1. Auflage 2012
© 2012 Persen Verlag, Buxtehude
AAP Lehrerfachverlage GmbH
Alle Rechte vorbehalten.

Das Werk als Ganzes sowie in seinen Teilen unterliegt dem deutschen Urheberrecht. Der Erwerber des Werkes ist berechtigt, das Werk als Ganzes oder in seinen Teilen für den eigenen Gebrauch und den Einsatz im eigenen Unterricht zu nutzen. Downloads und Kopien dieser Seiten sind nur für den genannten Zweck gestattet, nicht jedoch für einen weiteren kommerziellen Gebrauch, für die Weiterleitung an Dritte oder für die Veröffentlichung im Internet oder in Intranets. Die Vervielfältigung, Bearbeitung, Verbreitung und jede Art der Verwertung außerhalb der Grenzen des Urheberrechtes bedürfen der vorherigen schriftlichen Zustimmung des Verlages.

Grafik: Anke Fröhlich
Satz: Satzpunkt Ursula Ewert GmbH, Bayreuth

ISBN 978-3-403-23157-8

www.persen.de

Inhaltsverzeichnis

Einleitung 4

I. Einführung der Großbuchstaben
F S N L R M 9
Lernziel-Diagnose (1) 13
H D K P Z G 15
Lernziel-Diagnose (2) 18
B T W J V SCH CH 20
Lernziel-Diagnose (3) 23

II. Einführung der Kleinbuchstaben
f s n l r m 25
h w k t b z 26
g p d j sch v ch 27
Lernziel-Diagnose (4) 28
Nomen mit den Endungen ‚-en‘, ‚-el‘, ‚-er‘ 30
Verben mit den Endungen ‚-en‘, ‚-eln‘, ‚-ern‘ 33

III. Zwei und mehr Konsonanten im Anlaut
Br br Bl bl 36
Dr dr Fl fl 37
Fr fr Gl gl 38
Gr gr Kl kl 39
Kr kr Kn kn Pf pf 40
Pl pl Pr pr Tr tr 41
Schl schl Schn schn Schw schw Schr schr 42
St st 43
Str str 44
Sp sp Spr spr 45
ch im In- und Auslaut 46

IV. Wörter mit Umlauten
Wörter mit ä und ö 47
Wörter mit ü 48
Wörter mit ß 49
Lernziel-Diagnose (5) 50

V. Zur Festigung und Wiederholung der Lautbuchstabenzuordnung
Wörter mit Bb bis Zz 52

VI. Kurzer Stammvokal
a, e, i, o, u 68
Lernziel-Diagnose (6) 72

VII. Konsonantendoppelungen
ff, ll, mm, nn, pp, rr, tt, ck, tz, ss 74
Lernziel-Diagnose (7) 85

VIII. Vollendung des Alphabets
Qu,qu – X,x – Y,y 87

Einleitung

Dieses Lehrwerk ist entstanden im Laufe jahrelanger Förderung von Schülern, die den Einstieg in den Schriftsprach-Erwerb nicht geschafft hatten. Zu dem Zeitpunkt, in dem man diesen Kindern Buchstabenkenntnisse vermitteln wollte, fehlte ihnen noch die Vorstufe dazu, nämlich das Erkennen der einzelnen Laute in einem Wort, die phonologische Bewusstheit. Ohne das Lesen und das Schreiben zu beherrschen, erreichen alle Kinder – in allerdings oft recht unterschiedlichen Altersstufen – eine Entwicklungsphase, in der es ihnen gelingt, Einzellaute in einem Wort zu erkennen und mit ihnen zu operieren. Ist diese Lernvoraussetzung noch nicht vorhanden, kann das Kind kein neues Wissen erwerben, weil neues Wissen nur entstehen kann, wenn an vorhandene Fertigkeiten angeknüpft werden kann.

Diese im eigentlichen Sinne noch nicht schulreifen Kinder scheitern zwangsweise am Anfangsunterricht. Wird ihr Unvermögen erkannt, bestehen die schulischen Maßnahmen häufig darin, sie die 1. oder die 2. Klasse wiederzuholen zu lassen.

Wird diesen Kindern spätestens von diesem Zeitpunkt an keine spezielle pädagogische Förderung zuteil, ist zu befürchten, dass sie sich nach 9 Pflichtschuljahren aufgrund ihrer geringen Kompetenz in den elementaren Kulturtechniken Lesen und Schreiben in die Reihe der funktionalen Analphabeten einreihen werden.[1] Schülerschicksale der hier beschriebenen Art können vermieden werden, wenn im Anfangsunterricht so vorgegangen wird, wie im vorliegenden Lehrwerk dargeboten und im Folgenden näher beschrieben.

Zum Aufbau des Buches

Alle Buchstaben werden im ersten Durchgang ausschließlich als **Großbuchstaben in Druckschrift** eingeführt. Die Großbuchstaben haben den Vorteil, dass sie keine Unter- und keine Oberlängen haben. Sie haben eine einheitliche Größe und können auf einer einzigen Schreiblinie nebeneinander aufgereiht werden. Ein weiterer Vorteil ist der, dass alle Großbuchstaben sich eindeutig und unverwechselbar voneinander abheben, eine Ähnlichkeitshemmung also nicht zu befürchten ist. Ausnahme: ‚O'/‚Q', ein Grund mehr, das ‚Q' stets mit dem dazugehörigen ‚U'/‚u' zu präsentieren als ‚Qu' und ‚qu'.

Die **Kleinbuchstaben in Druckschrift** werden in einem zweiten Durchgang eingeführt. Das geschieht aus dreierlei Gründen. Einen neu zu erlernenden Buchstaben gleichzeitig in der Groß- und in der Kleinschreibung präsentiert zu bekommen, ist eine Überforderung für einige Erstklässler, denn viele Großbuchstaben unseres Alphabets unterscheiden sich grundlegend in ihrer Formgebung von den Kleinbuchstaben, wie z.B. ‚E', 'e', ‚G', ‚g' u.v.m. Für die Kinder ist es schwer einzusehen, dass diese unterschiedlichen Grapheme ein und denselben Laut darstellen sollen. Andererseits gibt es Buchstaben, die sich in der Groß- und Kleinschreibung zu ähnlich sind, wie z.B. ‚K/k' oder ‚W/w'. Schreibanfänger können die geringen Unterschiede zwischen Groß- und Kleinbuchstaben kaum erkennen und sie deshalb auch schriftlich nicht eindeutig voneinander abheben. Eine plausible Erklärung für das Schreiben und Erlernen von Groß- und Kleinbuchstaben können wir den Kindern zu diesem Zeitpunkt noch nicht liefern, da es sich um eine Rechtschreibregel handelt, die so früh nicht eingeführt werden darf. Letztlich wird den Kindern eine gewisse Gleichwertigkeit von Groß- und Kleinbuchstaben vorgetäuscht, obwohl nur die wenigsten Wörter – lediglich die Nomen, die Namen und die Satzanfänge – großgeschrieben werden.

In Anlehnung an den KIELER LESEAUFBAU wird mit der Einführung aller **Vokale und Diphthonge** (außer ‚äu') begonnen. Jedem Laut ist ein Bild zugeordnet. Das zur Benennung des Bildes gewählte Wort enthält in der ersten Silbe den entsprechenden lang gesprochenen Vokal oder den Diphthong. Das Bild verhilft dazu, dass die Laut-Buchstaben-Zuordnung sicher gelingt und eine Automatisierung schneller erreicht wird. Dieses Bild-Buchstaben-Poster sollte an die Tafel geheftet werden und dort hängen bleiben, bis der letzte Buchstabe eingeführt ist.

Wenn sichergestellt ist, dass allen Kindern das lautliche Erkennen und die schriftliche Wiedergabe aller Vokale und Diphthonge ohne nachzudenken gelingt, kann mit der Einführung der Konsonanten begonnen werden.

---

[1] In Deutschland gibt es derzeit 7.500.000 funktionale Analphabeten.

Einleitung

In einem ersten Schritt wird der Konsonant lautiert vorgegeben: [f] und nicht [eff]. **Stimmhafte Konsonanten** lassen sich gut lautieren: der Laut kann ‚lang' gesprochen werden: [ffff].[2] Die Kinder sprechen den Laut nach. Dann zeigt die Lehrkraft auf das bekannte ‚A' und spricht die Silbe [fa] vor. An dieser Stelle sollten die Kinder dazu aufgefordert werden, Wörter zu suchen, die mit [fa] beginnen, wie z. B. Faden, Fabel, Familie, Fabrik, Fasan. Auch Wörter, wie fahren, Fahne und selbst Vater dürfen genannt werden. Die Lautierung ist absolut korrekt. Deshalb sollte die Lehrkraft auf keinen Fall auf die abweichende Schreibweise hinweisen. Genau so kann vorgegangen werden mit den anderen Vokalen und Diphthongen in Verbindung mit dem [f]. Viele Kinder sind in der Lage, die entsprechenden Silben auch ohne Vorgabe durch die Lehrkraft zu lautieren. Danach wird die Form des neuen Graphems mehrfach an die Tafel geschrieben und dabei kommentiert, wie schon zuvor bei den Vokalen und Diphthongen, z. B.: „Ein gerader Strich von oben nach unten, zwei kleine Striche von links nach rechts am oberen Teil des geraden Striches." Den Kindern sollte die Gelegenheit gegeben werden, sich in kleinen Gruppen im Schreiben des ‚F' an der Tafel üben zu können, bevor sie auf ihrem Übungsblatt mit dem „Sprech-Schreiben" beginnen. Von Beginn an sollten die Kinder sich an die Regel halten, dass beim Schreiben immer leise mitgesprochen werden muss.

Das [i:] in offener Silbe wird in der deutschen Sprache mit dem Längezeichen ‚e' verschriftet. Nur 2 von 10 Wörtern mit lang gesprochenem [i:] in der ersten – betonten – Silbe werden mit ‚i' geschrieben. Es sind überwiegend Lehn- und Fremdwörter, während die sehr viel häufigeren mit ‚ie' geschriebenen Wörter etymologisch deutsche Wörter sind. Die im Grundschulwörterbuch (Duden) aufgeführten Wörter mit ‚i' sind mit wenigen Ausnahmen im Folgeband „Orthografische Stufe" zum Einüben aufgelistet. Den Schülern wird vor dem Schreiben der Silbe ‚FIE' erklärt, dass an das lange [i:] immer ein ‚E' (‚e') angehängt werden muss, ohne dass es lautiert werden kann.[3]

Die Konsonanten sind in diesem Lehrwerk anfangs Anlaute sogenannter offener Silben. In der Fachliteratur findet man unterschiedliche Definitionen für **offene und geschlossene Silben**. Die hier beschriebenen offenen Silben enden immer mit einem lang gesprochenen Vokal oder einem Diphthong. Diese offenen Silben sind 100%-ig lautgetreu. Die ab Seite 68 eingeführten kurzen Vokale (es gibt keine kurzen Diphthonge) stehen in geschlossenen Silben; sie enden mit einem Konsonanten. Kurze Vokale sind nur bedingt lautgetreu: sie werden nicht so ausgesprochen, wie im Alphabet vorgegeben. Die Unterscheidung zwischen langem und kurzem Vokal muss eingehend geübt werden. Visuell und rechtschriftlich wird gleichzeitig verdeutlicht, dass ein kurzer Vokal grundsätzlich von entweder zwei gleichen oder zwei verschiedenen Konsonanten gefolgt wird. Der auf den kurzen Vokal folgende Konsonant schließt die erste Silbe, mit dem zweiten Konsonanten beginnt die zweite Silbe. ‚ch', ‚sch' und ‚st' stehen für einen konsonantischen Laut: hor-chen, for-schen, bür-sten. Laut neuer Rechtschreibung müssen Wörter mit ‚st' im Inlaut zwischen dem ‚s' und dem ‚t' getrennt werden, wenn sie nicht auf die Zeile passen. Von Schülern durchgeführte Worttrennungen sind sehr fehlerhaft. Die Schüler sollten deshalb dazu angehalten werden, das Trennen möglichst zu vermeiden und entweder über den Rand zu schreiben oder rechtzeitig eine neue Zeile zu beginnen.

Die deutsche Sprache ist eine Silbensprache. **Silben** sind Wort-Bausteine. Alle Vokale und Diphthonge können für sich allein eine Silbe bilden, überwiegend im Anlaut eines Wortes: ‚E-sel', ‚U-hu', ‚Ei-sen', ‚O-a-se' usw. Ein Konsonant kann nur in Verbindung mit einem Vokal oder einem Diphthong eine Silbe bilden. Deshalb werden die Konsonanten von Beginn an in Verbindung mit Vokalen und Diphthongen eingeübt.

Wird der Konsonant über einen längeren Zeitraum ausschließlich als Einzelbuchstabe geübt, führt es dazu, dass beim Erstlesen nacheinander – also mit Pausen – lautiert wird: [f...a]. Dabei kann oft beobachtet werden, dass Kinder mit Anfangsschwierigkeiten im Lesen den ersten mühsam erkannten und mühsam lautierten Buchstaben schon wieder vergessen haben, nachdem sie mit dem zweiten Buchstaben ähnliche Schwierigkeiten beim Erkennen und Lautieren hatten. Das durchgängige Schreiben und Sprechen von Silben ohne mühsames Zusam-

---

[2] Weitere stimmhafte Konsonanten sind: ‚S', ‚N', ‚L', ‚R' und ‚M'.
[3] Das lang gesprochene [i:], geschrieben ‚i', ist in zweiten und dritten Silben häufiger und wird deshalb in Verbindung mit den kleingeschriebenen Konsonanten eingeführt.

Einleitung

menschleifen hat außerdem den Vorteil, dass die Blicksprünge geschult werden. Blicksprünge müssen beim Erlesen eines jeden (unbekannten) Wortes gelingen: beide Augen müssen gleichzeitig Anlaut und Endlaut einer Silbe fixieren. Die in diesem Lehrwerk angewandte Methode des Sprech-Silbenschreibens ermöglicht es den Kindern, die bis zur Automatisierung eingeübten und abgespeicherten Silben schnell und treffsicher zu erkennen, womit die wichtigste Voraussetzung für flüssiges Lesen gegeben ist.

Da sich mit dem Wortmaterial der alphabetischen Stufe keine inhaltsreichen, altersgemäßen Erzählungen und Geschichten verfassen lassen, wird nur mit und an Einzelwörtern geübt, und zwar an Nomen, Verben im Infinitiv (weil zweisilbig) und Adjektiven. Wörterlisten sind nicht nur ein gutes Wortschatztraining für alle Schüler, vor allem aber ein gutes „Vokabeltraining" für Schüler mit nichtdeutscher Muttersprache.

(Reiz-)Wörter können dazu anregen, kleine Fantasie-Geschichten zu erfinden. Mündliches Erzählen ist eine willkommene Unterbrechung beim Schreiben-Üben. Außerdem kann die Lehrkraft die Sprache und die Artikulation der Kinder beobachten und im Nachhinein korrigieren. Deutliches Sprechen – die Schreibsprache – muss immer wieder geübt werden. Schließlich sei noch darauf hingewiesen, dass mündliches Erzählen eine notwendige Vorstufe zum schriftlichen Erzählen, dem Aufsatzschreiben, ist.

Zu dem Material

Die Übungseinheiten dieses Lehrwerks sind konzipiert nach den neuesten Erkenntnissen aus der Gehirnforschung und über das Lernen: Automatisierung des neuen Wissens wird erreicht durch ein systematisches, sinnvolles, geordnetes Sprech-Schreib-Training mit gleichbleibenden Wiederholungen, die so oft eingesetzt werden sollten, bis das Kind in 7er Einheiten (+/–) die geübten Wörter aus dem Gedächtnis schreiben kann. Alle Übungsseiten enthalten nichts schmückendes Buntes, nichts Ablenkendes und gewährleisten dadurch bewusstes, konzentriertes Üben.

Alle Übungen sind als Anleitung zum Richtigschreiben zu verstehen: die Nullfehlergrenze wird durchgängig angestrebt, da Falschschreibungen die Automatisierung verlangsamen oder sogar verhindern. Deshalb befinden sich die Lösungen unmittelbar im Anschluss an die Aufgaben selbst. Beim Diktieren sollten Erklärungen und Hilfen die Richtigschreibung gewährleisten.

Insgesamt 7 Lernziel-Diagnosen ermöglichen es der Lehrkraft, Lernrückstände frühzeitig zu erkennen und die betreffenden Kinder unverzüglich individuell gezielt zu fördern. Misserfolge müssen während des Schreib- und Leselernprozesses unbedingt vermieden werden. Sie können zu Lernblockaden führen, ausgelöst durch Botenstoffe im Gehirn, die bei Stress, Angst und Mutlosigkeit ausgeschüttet werden. Das Kind kann darauf keinen willentlichen Einfluss ausüben. Es geschieht mit ihm, dass es für das Lernen nicht mehr zu motivieren ist und dass es dabei gleichzeitig eine starke Abneigung gegen das Schreiben und das Lesen entwickelt. Der Lernprozess sollte bei allen Kindern immer begleitet sein von Erfolgserlebnissen, Anerkennung, Ermutigung, Stärkung des Selbstbewusstseins und positiver Erwartungshaltung.

Hinweise zum Einsatz der Materialien

Teilen Sie die Arbeitsblätter stets an die gesamte Klasse aus, damit die Aufgabenstellung mit allen Schülern gleichzeitig geklärt werden kann. Erst danach kann mit dem Schreiben begonnen werden.

Jeder Schüler heftet vor dem Schreiben das Arbeitsblatt in seine Rechtschreib-Mappe, die im Klassenraum aufbewahrt werden sollte.

Das auf dem Arbeitsblatt Erarbeitete wird fortlaufend in ein Rechtschreibheft übertragen, oder es werden dafür linierte Blätter in die Rechtschreib-Mappe geheftet. Kinder mit feinmotorischen Schwierigkeiten können anfangs auch auf unlinierten Blättern schreiben.

Beim Übertragen ins Rechtschreibheft ist genau zu beobachten, ob allen Schülern schon das Abschreiben gelingt. Wenn nicht, dann müssten diese Kinder die Übungen auf dem Arbeitsbogen wiederholen, mehrfach, wenn nötig.

Ab Seite 30 erscheint auf vielen Seiten die Angabe: ‚hier wegknicken und auswendig schreiben'. Das ge-

Einleitung

lingt nicht allen Kindern, denn das ‚neue' Wort wurde bis dahin nur ein einziges Mal geschrieben. Für diese Kinder gilt die Aufforderung nicht. Sie können so lange weiter die vorgegebenen Wörter abschreiben, bis sie sich sicher sind, auswendig schreiben zu können.

Während des gesamten Sprech-Schreib-Trainings sollte allen Schülern, die nur langsam Fortschritte machen, genügend Zeit für Wiederholungsübungen eingeräumt werden. Gleichzeitig sollten sie immer wieder ermutigt werden und in kleinen Schritten Erfolge erzielen können. Das alles nach dem Motto: NZL = niemanden zurücklassen.

Wie in der ‚Einführung' dargestellt, wird durchgängig angestrebt, Falschschreibungen zu vermeiden. Deshalb sind Aufgabenstellungen, die über ein Abschreiben hinausgehen, mit Lösungen versehen, meistens unterhalb der Aufgabe selbst oder aber am unteren Teil derselben Seite.

Schnelle Lerner können nach Erledigung der jeweiligen Übungseinheit die mit einem Piktogramm versehenen Aufgaben lösen und sich danach anderen Beschäftigungen zuwenden, z.B. in der Fibel, im Sprachbuch oder in anderen in der Schule vorhandenen Erstlesebüchern lesen.

Die Wörter und Regeln unter ‚Merke' gelten für alle Schüler. Es handelt sich um Wörter, die überaus häufig falsch geschrieben werden. Beim Übertragen in die Rechtschreib-Mappe sollten die Schüler dazu aufgefordert werden, mündlich kleine Sätze mit diesen Wörtern zu bilden.

Alle Schüler sollten außerhalb des hier angebotenen Sprech-Schreib-Trainings gerne zum freien Schreiben, dem Spontanschreiben, angehalten werden. Falls sie es wünschen und falls die Zeit es zulässt, könnten einige Schüler vorlesen, was sie geschrieben haben. Diese Texte sind erwartungsgemäß voller Rechtschreibfehler, aber oft voller Einfallsreichtum und Witz.

Um den Schülern die Freude am Schreiben nicht zu nehmen, sollten ihre schriftlichen Erzeugnisse nie mit dem Rotstift durchgesehen werden, sollten nicht benotet und auch nicht mit Smileys oder Sternchen bewertet werden.

Das **Poster** für alle Schüler sichtbar im Klassenraum aufhängen. Vorher bitte an den punktierten Linien falten, so dass die Kleinbuchstaben ‚versteckt' sind. Sie sollten ‚entfaltet' werden, sowie Sie mit deren Einführung beginnen.

Elke Loubier

Einleitung

Literatur:

Ayres, A. Jean ‚Bausteine der kindlichen Entwicklung', Springer-Verlag Berlin

Bauer, Joachim ‚Lob der Schule', Hoffmann und Campe

Born, Armin, Oehler, Claudia ‚Lernen mit Grundschulkindern', Kohlhammer

Breuer / Weuffen ‚Lernschwierigkeiten am Schulanfang' Beltz praxis

Czisch, Fee ‚Kinder können mehr' Anders lernen in der Grundschule, Kunstmann

'Das Grundschulwörterbuch', Dudenverlag

Dummer-Smoch / Hackethal ‚Kieler Leseaufbau', Veris Verlag, Kiel

Dr. Gutezeit ‚Intensives Lesetraining in Silbenschritten', 25226 Heikendorf

Haase, Peter (Hrsg.) ‚Schreiben und Lesen sicher lehren', borgmann

Hentig, Hartmut v. ‚Bildung', Beltz Taschenbuch

Jansen-Streit, ‚Positiv lernen', Springer

Jansen, Heiner u. a. ‚Bielefelder Screening für Früherkennung von Lese-Rechtschreibschwierigkeiten (BISC), Hogrefe Göttingen

Kossow, H.-J. ‚Das Lautoperationsverfahren (LWOP)', Verlag Dr. Winkler, Bochum

Küspert / Schneider ‚Hören, lauschen, lernen', Würzburger Trainingsprogramm zur Vorbereitung auf den Erwerb der Schriftsprache, Vandenhoeck & Ruprecht

Milz, I. ‚Neuropsychologie für Pädagogen', borgmann

Plickat, H.-H. ‚Deutscher Grundwortschatz', Beltz praxis

Reuter-Liehr, C. ‚Lautgetreue Rechtschreibförderung', Verlag Dr. Winkler, Bochum

Schulte-Körne (Hrsg.) ‚Das Marburger Rechtschreibtraining', Verlag Dr. Winkler, Bochum

Schulte-Körne (Hrsg.) ‚Legasthenie und Dyskalkulie', Aktuelle Entwicklungen in Wissenschaft, Schule und Gesellschaft, Verlag Dr. Winkler, Bochum

Spitzer, Manfred ‚Lernen', Spektrum

Spitzer, Manfred, ‚Vorsicht Bildschirm', Klett

Stolla, G. ‚Rechtschreibunterricht mangelhaft?', Dieck-Verlag

Topsch, W. ‚Grundkompetenz Schriftspracherwerb' BELTZ Pädagogik

Wedel-Wolff, A. von ‚Üben im Rechtschreibunterricht' Westermann Praxis, Pädagogik

Einführung der Großbuchstaben F / S / N

✏️ Schreibe jede Silbe 3-mal.
👄 Sprich leise mit.

F

FA _____	FE _____
FIE _____	FO _____
FU _____	FAU _____
FEI _____	FEU _____

S

SA _____	SE _____
SIE _____	SO _____
SU _____	SAU _____
SEI _____	SEU _____

N

NA _____	NE _____
NIE _____	NO _____
NU _____	NAU _____
NEI _____	NEU _____

✏️ Schreibe diese Wörter ab.

EI   SO   SIE   SAU   SEI   NIE   NEU

_____

SEIFE   NASE   SAUNA   EFEU   SOFIE

_____

Mündlich: Bilde Sätze oder erfinde eine Fantasie-Geschichte mit diesen Wörtern.

Elke Loubier: Richtig schreiben von Beginn an – Band 1
© Persen Verlag, Buxtehude

Einführung der Großbuchstaben L / R / M

✏️ **Schreibe jede Silbe 3-mal.**
👄 **Sprich leise mit.**

L

LA _____	LE _____
LIE _____	LO _____
LU _____	LAU _____
LEI _____	LEU _____

R

RA _____	RE _____
RIE _____	RO _____
RU _____	RAU _____
REI _____	REU _____

M

MA _____	ME _____
MIE _____	MO _____
MU _____	MAU _____
MEI _____	MEU _____

✏️ **Schreibe diese Wörter ab.**

RAU   MAMA   ROSA   LAMA   ROSE

REISE   LEISE   MEISE   RIESE   LILA

Mündlich: Bilde Sätze oder erfinde eine Fantasie-Geschichte mit diesen Wörtern.

Merke: MIR

Wörtersammlung mit N / F / L / M / S / R

Schreibe diese Wörter ab.
Sprich leise mit.

| NIE _____ | NEU _____ | NEUN _____ |
| NEIN _____ | NASE _____ | |

| FEIN _____ | FAUL _____ | FIES _____ |
| FEILE _____ | | |

| LEISE _____ | LAU _____ | LEINE _____ |
| LILA _____ | | |

| MAMA _____ | MEIN _____ | MEISE _____ |
| MIES _____ | MAUL _____ | MAUS _____ |

| SO _____ | SEIFE _____ | SOFA _____ |
| SEIN _____ | SEILE _____ | SAUNA _____ |

RAU _____	RIESE _____	ROSA _____
REISE _____	ROSE _____	REUE _____
REIN _____	RAUM _____	RAUS _____

Was reimt sich auf:

EILE   MEISE   AUS

_____   _____   _____

_____   _____   _____

Lösung: EILE, SEILE, FEILE – MEISE, REISE, LEISE – AUS, RAUS, MAUS

Elke Loubier: Richtig schreiben von Beginn an – Band 1
© Persen Verlag, Buxtehude

Welche Silbe passt?

Welche Endsilbe passt?
✎ Schreibe die Wörter auf und 👄 sprich leise mit.

SE MA LE **SE FA SE**
SE NA SE **FE SE FA**

1. RO_SE_   ROSE   7. LEI____   _____

2. LA____   _____   8. SO____   _____

3. FEI____   _____   9. REI____   _____

4. MEI____   _____   10. SEI____   _____

5. SAU____   _____   11. RIE____   _____

6. NA____   _____   12. MO____   _____

Lerne und schreibe 7 Wörter auswendig.

_____

_____

_____

Lösung: 2. LAMA – 1. ROSE – 4. MEILE – 3. FEILE – 6. NASE – 5. SAUNA – 8. SOFA – 7. LEISE – 10. SEIFE – 9. REISE – 12. MOFA – 11. RIESE

Lehrerexemplar – Vorschläge für eine Lernziel-Diagnose (1)

Bitte deutlich diktieren. Ausreichend Zeit zum Schreiben lassen.

Schreibe eine Silbe mit 2 Buchstaben:

MA	SE	RO	NU
1	2	3	4

LA	FE
5	6

Schreibe eine Silbe mit 3 Buchstaben:

RIE	NEU	MAU	LIE
7	8	9	10

MEI	RAU	SIE	FEU
11	12	13	14

Welche Wörter kannst du schon schreiben?

Auswertung nach ‚richtig' und ‚falsch'. Schüler mit 2 und mehr Fehlern brauchen unverzüglich eine Förderung. Ich empfehle die Wiederholung aller bisherigen Übungen mit pädagogischer Unterstützung. Das dialektfreie Mitsprechen beim Schreiben muss eingeübt und kontrolliert werden.

Fehlschreibungen entstehen überwiegend dann, wenn das Kind eine bestimmte Entwicklungsstufe noch nicht erreicht hat. Da hilft nur geduldiges Wiederholen, begleitet von Lob, Erfolgen und das Signalisieren der Zuversicht in die Lernfähigkeit des Kindes. Die Einführung neuer Buchstaben darf erst fortgesetzt werden, wenn das Kind die Lernzieldiagnose fehlerfrei ausführen kann.

Mit Rot gekennzeichnete Fehler sollten den Schülern nicht gezeigt werden.

Die im Eigendiktat geschriebenen Wörter – wie später auch alle Spontanschreibungen – werden nicht auf Fehler durchgesehen.

Lernzieldiagnose (1)

Name: _____ Datum: _____

✎ Schreibe eine Silbe mit 2 Buchstaben:

| _____ 1 | _____ 2 | _____ 3 | _____ 4 |

| _____ 5 | _____ 6 |

✎ Schreibe eine Silbe mit 3 Buchstaben:

| _____ 7 | _____ 8 | _____ 9 | _____ 10 |

| _____ 11 | _____ 12 | _____ 13 | _____ 14 |

Welche Wörter kannst du schon schreiben?

_____

_____

_____

Einführung der Großbuchstaben H / D / K

✏️ Schreibe jede Silbe 3-mal.
👄 Sprich leise mit.

H

HA _____ HE _____

HIE _____ HO _____

HU _____ HAU _____

HEI _____ HEU _____

D

DA _____ DE _____

DIE _____ DO _____

DU _____ DAU _____

DEI _____ DEU _____

K

KA _____ KE _____

KIE _____ KO _____

KU _____ KAU _____

KEI _____ KEU _____

✏️ Schreibe diese Wörter ab.

HASE – HOSE – HAUS – HIER – HEIKE – HEU – KINO – DINO – KILO – DOSE

_____

_____

Mündlich: Bilde Sätze oder erfinde eine Fantasie-Geschichte mit diesen Wörtern.

Merke: DIR

Einführung der Großbuchstaben P / Z / G

> ✏️ **Schreibe jede Silbe 3-mal.**
> 👄 **Sprich leise mit.**

P

PA _____ PE _____

PIE _____ PO _____

PU _____ PAU _____

PEI _____ PEU _____

Z

ZA _____ ZE _____

ZIE _____ ZO _____

ZU _____ ZAU _____

ZEI _____ ZEU _____

G

GA _____ GE _____

GIE _____ GO _____

GU _____ GAU _____

GEI _____ GEU _____

> ✏️ **Schreibe diese Wörter ab.**

PAUKE – OPA – POPO – ZIEGE – ZEUGE – GAUL – GEIGE – GEIZ

_____

_____

> **Mündlich:** Bilde Sätze oder erfinde eine Fantasie-Geschichte mit diesen Wörtern.

Silbentausch

Bring die Silben in die richtige Reihenfolge.
Sprich leise mit.

1. NE ME LO	**MELONE**
2. SAU NE PO	
3. MI SA LA	
4. NO DO MI	
5. A SE MEI	
6. NA FI LE	
7. KA DO MI	
8. O SE A	
9. DO SU KU	
10. NA DE MO LI	

Lerne und schreibe 5 Wörter auswendig.

Lösung:
1. MELONE – 2. POSAUNE – 3. SALAMI – 4. DOMINO – 5. AMEISE
6. FINALE – 7. MIKADO – 8. OASE – 9. SUDOKU – 10. LIMONADE

Lehrerexemplar – Vorschläge für eine Lernziel-Diagnose (2)

Bitte deutlich diktieren. Ausreichend Zeit zum Schreiben lassen.

Schreibe eine Silbe mit 2 Buchstaben:

PA	DE	GU	HO
1	2	3	4

KA	ZE
5	6

Schreibe eine Silbe mit 3 Buchstaben:

PAU	DIE	GEI	HEU
7	8	9	10

ZEI	KAU	DEI	HIE
11	12	13	14

Welche Wörter kannst du schon schreiben?

Auswertung nach ‚richtig' und ‚falsch'. Schüler mit 2 und mehr Fehlern brauchen unverzüglich eine Förderung. Ich empfehle die Wiederholung aller bisherigen Übungen mit pädagogischer Unterstützung. Das dialektfreie Mitsprechen beim Schreiben muss eingeübt und kontrolliert werden.

Fehlschreibungen entstehen überwiegend dann, wenn das Kind eine bestimmte Entwicklungsstufe noch nicht erreicht hat. Da hilft nur geduldiges Wiederholen, begleitet von Lob, Erfolgen und das Signalisieren der Zuversicht in die Lernfähigkeit des Kindes. Die Einführung neuer Buchstaben darf erst fortgesetzt werden, wenn das Kind die Lernzieldiagnose fehlerfrei ausführen kann.

Mit Rot gekennzeichnete Fehler sollten den Schülern nicht gezeigt werden.

Die im Eigendiktat geschriebenen Wörter – wie später auch alle Spontanschreibungen – werden nicht auf Fehler durchgesehen.

Lernzieldiagnose (2)

Name: _____ Datum: _____

✏️ Schreibe eine Silbe mit 2 Buchstaben:

1	2	3	4

5	6

✏️ Schreibe eine Silbe mit 3 Buchstaben:

7	8	9	10

11	12	13	14

Welche Wörter kannst du schon schreiben?

_____

_____

_____

Einführung der Großbuchstaben B / T / W

✏️ **Schreibe jede Silbe 3-mal.**
👄 **Sprich leise mit.**

B

BA _____	BE _____
BIE _____	BO _____
BU _____	BAU _____
BEI _____	BEU _____

T

TA _____	TE _____
TIE _____	TO _____
TU _____	TAU _____
TEI _____	TEU _____

W

WA _____	WE _____
WIE _____	WO _____
WU _____	WAU _____
WEI _____	WEU _____

✏️ **Schreibe diese Wörter ab.**

WIE – WO – WIEGE – TAU – BAU – WIESE – WADE – WARE – BEIN – WEIN

Mündlich: Bilde Sätze oder erfinde eine Fantasie-Geschichte mit diesen Wörtern.

Merke: WIR

Einführung der Großbuchstaben J / V / SCH / CH

✏️ Schreibe jede Silbe 3-mal.
👄 Sprich leise mit.

J

JA _____   JE _____

JO _____   JU _____

JAU _____

V wie [W]

VA _____   VE _____

VI _____   VO _____

SCH

SCHA _____   SCHE _____

SCHIE _____   SCHO _____

SCHU _____   SCHAU _____

SCHEI _____   SCHEU _____

CH

BAU**CH** _____   WEI**CH** _____

HO**CH** _____   BU**CH** _____

BU**CH**E _____   EI**CH**E _____

✏️ Schreibe diese Wörter ab.

JEDE – JULI – JUNI – JUDO – SCHALE – SCHERE – SCHIENE – SCHOKOLADE – SCHUHE – SCHEUNE – SCHEIBE – VASE – VIDEO – VIOLINE – VOKAL

_____

_____

_____

Silbentausch

Bring die Silben in die richtige Reihenfolge.
Sprich leise mit.

1. SE DE BA HO	**BADEHOSE**
2. LA KO DE SCHO	
3. WI LA NE	
4. TA NE VI MI	
5. NE SCHI MA	
6. NA RUF ME	
7. NU MI TE	
8. WA KA NE RA	
9. TE TA PE	
10. O NE LI VI	

Lerne und schreibe 5 Wörter auswendig.

Lösung:
1. BADEHOSE – 2. SCHOKOLADE – 3. LAWINE – 4. VITAMINE – 5. MASCHINE – 6. RUFNAME – 7. MINUTE – 8. KARAWANE – 9. TAPETE – 10. VIOLINE

Lehrerexemplar – Vorschläge für eine Lernziel-Diagnose (3)

Bitte deutlich diktieren. Ausreichend Zeit zum Schreiben lassen.

Schreibe eine Silbe mit 2 Buchstaben:

TA	WE	BU	JA
1	2	3	4

Schreibe Wörter:

SCHULE	VOKAL
5	6
JUDO	JUNI
7	8
BAUCH	EICHE
9	10

> Welche Wörter kannst du schon schreiben?

Auswertung nach ‚richtig' und ‚falsch'. Schüler mit 2 und mehr Fehlern brauchen unverzüglich eine Förderung mit pädagogischer Unterstützung. Ich empfehle die Wiederholung aller Übungen mit den falsch geschriebenen Buchstaben, Silben und Wörtern. Siehe hierzu auch die Anmerkungen zu der Auswertung der vorherigen Diagnosen.

Lernzieldiagnose (3)

Name: _____ Datum: _____

✏️ Schreibe eine Silbe mit 2 Buchstaben:

_____   _____   _____   _____
    1   2   3   4

✏️ Schreibe Wörter:

_____   _____
            5   6

_____   _____
            7   8

_____   _____
            9   10

| Welche Wörter kannst du schon schreiben? |

_____

_____

_____

Einführung der Kleinbuchstaben f / s / n / l / r / m

✏️ **Schreibe jede Silbe 3-mal.**
👄 **Sprich leise mit.**

fa	fe	fie
fi	fo	fu
fau	fei	feu
sa	se	sie
si	so	su
sau	sei	seu
na	ne	nie
ni	no	nu
nau	nei	neu
la	le	lie
li	lo	lu
lau	lei	leu
ra	re	rie
ri	ro	ru
rau	rei	reu
ma	me	mie
mi	mo	mu
mau	mei	meu

Elke Loubier: Richtig schreiben von Beginn an – Band 1
© Persen Verlag, Buxtehude

Einführung der Kleinbuchstaben h / w / k / t / b / z

> ✏️ **Schreibe jede Silbe 3-mal.**
> 👄 **Sprich leise mit.**

ha	he	hie
hi	ho	hu
hau	hei	heu
wa	we	wie
wi	wo	wu
wau	wei	weu
ka	ke	kie
ki	ko	ku
kau	kei	keu
ta	te	tie
ti	to	tu
tau	tei	teu
ba	be	bie
bi	bo	bu
bau	bei	beu
za	ze	zie
zi	zo	zu
zau	zei	zeu

Einführung der Kleinbuchstaben g / p / d / j / sch / v / ch

✏ Schreibe jede Silbe 3-mal.
👄 Sprich leise mit.

ga	ge	gie
gi	go	gu
gau	gei	geu
pa	pe	pie
pi	po	pu
pau	pei	peu
da	de	die
di	do	du
dau	dei	deu
ja	je	ji
jo	ju	jau
scha	sche	schie
schi	scho	schu
schau	schei	scheu
va	ve	vi
vo	vu	
au**ch**	ho**ch**	wei**ch**

Lehrerexemplar – Vorschläge für eine Lernziel-Diagnose (4)

Folgende 10 Wörter sollten (vor-)geübt werden, vor allem das Diktieren.
Alle Silben sind aus den vorangegangenen schriftlichen Übungen bekannt. Mündlich vorgegebene, also diktierte Wörter haben eine viel schwierigere Qualität: eine gehörte Lautfolge muss eigenständig – über die innere Sprache, die Schreibsprache – in eine Buchstabenfolge umgesetzt werden. Wörterdiktate der hier vorgeschlagenen Art haben das Ziel, herauszufinden, ob allen Schülern die Richtigschreibung dank einer optimal ausgebildeten Schreibsprache gelingt und ob der Schreibprozess schon so weit automatisiert ist, dass der korrekte – der einzig passende – Buchstabe (Buchstabenverbindung) dem Laut zugeordnet werden kann.

Bitte folgendermaßen diktieren:
1. Male ein Haus. Schreibe ‚male'.
Auf die Kleinschreibung aller Wörter hinweisen!

1. male   (1. Male ein Haus. Schreibe ‚male'.)
2. sage   (2. Sage mir deinen Namen. Schreibe ‚sage'.)
3. hole   (3. Hole bitte die Zeitung. Schreibe ‚hole'.)
4. schiebe   (4. Schiebe dein Heft nach rechts. Schreibe ‚schiebe'.)
5. tauche   (5. Tauche den Schwamm ins Wasser. Schreibe ‚tauche'.)
6. rate   (6. Rate mal, was du jetzt schreiben sollst. Schreibe ‚rate'.)
7. fege   (7. Fege bitte die Schnipsel weg. Schreibe ‚fege'.)
8. leihe   (8. Leihe mir bitte deinen Füller. Schreibe ‚leihe'.)
9. ziehe   (9. Ziehe fest an der Leine. Schreibe ‚ziehe'.)
10. gehe   (10. Gehe nicht bei Rot über die Straße. Schreibe ‚gehe')

Auswertung nach
WT = **W**ahrnehmungs-**T**rennschärfe: Verwechslung klang- oder formähnlicher Buchstaben und
WD = **W**ahrnehmungs-**D**urchgliederung: Buchstaben werden ausgelassen oder hinzugefügt.

Mögliche **WT**-Fehler: m/n – g/k – o/u – b/p – d/t – z/s – ie/ei – au/eu – ei/eu
In der Förderung intensiv an den verwechselten Buchstaben üben:
Schreibsprache, Mundbewegungen, Logopädie in schweren Fällen.
Rot angestrichene Fehler sollten den Schülern nicht gezeigt werden.

Schnelle Lerner könnten, falls sie es wünschen, ganze Sätze schreiben, auch selbst erdachte Aufforderungen,
die ohne Fehlerauswertung bleiben sollten.

Lernzieldiagnose (4)

Name: _____ Datum: _____

✏ Schreibe eine Wort.

1. _____
2. _____
3. _____
4. _____
5. _____
6. _____
7. _____
8. _____
9. _____
10. _____

WT: _____
WD: _____
Bemerkungen: _____

Elke Loubier: Richtig schreiben von Beginn an – Band 1
© Persen Verlag, Buxtehude

Nomen mit der Endung ‚en'

Schreibe die Wörter auf. Sprich leise mit.

← hier wegknicken und auswendig schreiben

1. der Rei f _en_   der Reifen   der Reifen
2. der Be s____
3. das Le b____
4. der Fa d____
5. der La d____
6. der Bo d____
7. der Ha f____

8. der O f____
9. der Hau f____
10. der Wa g____
11. der Re g____
12. der Bo g____
13. der Se g____

14. der Ha k____
15. der Rie m____
16. das No m____
17. die Wa r____
18. der Ra s____
19. das We s____

Was reimt sich auf: der Besen
    das _____
Was reimt sich auf: der Laden
    der _____

Lösung: das Wesen – der Faden

Nomen mit der Endung ‚el'

Schreibe die Wörter auf. Sprich leise mit.

← hier wegknicken und auswendig schreiben

1. die Ga b_el_   die Gabel   die Gabel
2. das Ka b_____
3. der Na b_____
4. der Ne b_____
5. der Ho b_____
6. die Bi b_____
7. die Na d_____

8. der Ta d_____
9. der Pu d_____
10. die Ta f_____
11. der Teu f_____
12. der Na g_____
13. das Se g_____

14. der Vo g_____
15. die Ku g_____
16. der E s_____
17. das Ho t_____
18. der Schei t____
19. der I g_____

In dieser Liste sind 4 Tiere genannt. Welche?

1. _____ 2. _____
3. _____ 4. _____

Lösung: der Pudel – der Vogel – der Esel – der Igel

Nomen mit der Endung ‚er'

✏️ Schreibe die Wörter auf. 👄 Sprich leise mit.

← hier wegknicken und auswendig schreiben

1. der Bau__er__   der Bauer   der Bauer
2. der Bi b_____ _____   _____
3. der Ei m_____ _____   _____
4. das Eu t_____ _____   _____
5. das Feu_____ _____   _____
6. der Gau n_____ _____   _____
7. der Ha f_____ _____   _____

8. der Ka t_____ _____   _____
9. die Lei t_____ _____   _____
10. der Le s_____ _____   _____
11. die Mau_____ _____   _____
12. der Ma l_____ _____   _____
13. der Mau r_____ _____   _____

14. der Me t_____ _____   _____
15. der Mie t_____ _____   _____
16. der Pau k_____ _____   _____
17. der Rei t_____ _____   _____
18. das U f_____ _____   _____
19. der Va t_____ _____   _____

Welche Begriffe nennen eine Person, wie z. B. der Bauer?
8 weitere Personen könntest du finden.

1. _____ 2. _____ 3. _____ 4. _____
5. _____ 6. _____ 7. _____ 8. _____

Lösung: 1. der Gauner – 2. der Leser – 3. der Maler – 4. der Maurer – 5. der Mieter – 6. der Pauker – 7. der Reiter – 8. der Vater

Verben mit der Endung ‚en'

Schreibe die Wörter auf. Sprich leise mit.

← hier wegknicken und auswendig schreiben

1. *le s _en_   lesen   lesen
2. *ma l
3. ge h
4. ru f
5. sa g
6. wa g
7. *lie b

8. *lie g
9. ba d
10. wei n
11. *schei n
12. fe g
13. le g
14. *rei s

15. ra t
16. rei t
17. kau
18. bau
19. sau s
20. hei z

Finde ein verwandtes Nomen zu den Verben mit einem Sternchen.

1. lesen – der _____   2. malen – der _____

7. lieben – die _____   8. liegen – die _____

Lösung: der Leser – der Maler – die Liebe – die Liege

Elke Loubier: Richtig schreiben von Beginn an – Band 1
© Persen Verlag, Buxtehude

Verben mit der Endung ‚eln'

Schreibe die Wörter auf. Sprich leise mit.

← hier wegknicken und auswendig schreiben

1. *ho b_eln_   hobeln   hobeln
2. ju b
3. *na d
4. *ra d
5. *ta d
6. we d
7. jo d
8. ro d

9. *schau f
10. *ha g
11. na g
12. ke g
13. re g
14. se g
15. nie s
16. rie s

Zu den Verben mit einem Sternchen wirst du ein Nomen finden.

1. der Hobel   3. die _____   4. das _____
5. der _____   9. die _____   10. der _____

Lösung: 3. die Nadel – 4. das Rad – 5. der Tadel – 9. die Schaufel – 10. der Hagel

Verben mit der Endung ‚ern'

Schreibe die Wörter auf. Sprich leise mit.

← hier wegknicken und auswendig schreiben

1. *fie b_ern_   fiebern   fiebern
2. ero b_____
3. *zau b_____
4. erwi d_____
5. plau d_____
6. zau d_____
7. *schleu d_____
8. *pu d_____
9. *ru d_____
10. lie f_____
11. *la g_____
12. wei g_____
13. fei_____
14. scheu_____
15. trau_____
16. steu_____

Zu den Verben mit einem Sternchen wirst du ein Nomen finden.

1. das Fieber   3. der _____   7. die _____
8. der _____   9. das _____   11. das _____

Lösung: 3. der Zauber – 7. die Schleuder – 8. der Puder – 9. das Ruder – 11. das Lager

Elke Loubier: Richtig schreiben von Beginn an – Band 1
© Persen Verlag, Buxtehude

Zwei und mehr Konsonanten im Anlaut

Setze ein: Br und br. Schreibe dann das ganze Wort.

← hier wegknicken und auswendig schreiben

1. die __Br__ ause — die Brause — die Brause
2. der ____ ei
3. der ____ uder
4. der ____ aten
5. die ____ aue
6. die ____ aut

7. die ____ ezel
8. der ____ ief
9. das ____ ot
10. __br__ aten
11. ____ auchen
12. ____ eit

Setze ein: Bl und bl.

1. die __Bl__ ase — die Blase — die Blase
2. die ____ use
3. das ____ ei
4. die ____ ume
5. __bl__ eiben
6. ____ uten
7. ____ au
8. ____ eich

Steigere Wie-Wörter (Adjektive).

12. breit – breiter 13. braun – _____ 8. bleich – _____

Lösung: brauner – bleicher

Zwei und mehr Konsonanten im Anlaut – dr / fl

✏️ Setze ein: **Dr** und **dr**. Schreibe dann das ganze Wort.

← hier wegknicken und auswendig schreiben

1. das __Dr__omedar   das Dromedar   das Dromedar
2. *die _____oge   _____   _____
3. die _____ogerie   _____   _____
4. __dr__ehen   _____   _____
5. _____ei   _____   _____
6. _____ohen   _____   _____

✏️ Setze ein: **Fl** und **fl**.

7. der __Fl__egel   der Flegel   _____
8. das _____eisch   _____   _____
9. *die _____iege   _____   _____
10. der _____ieder   _____   _____
11. *der _____ur   _____   _____
12. die _____ut   _____   _____
13. die _____aute   _____   _____

14. *der _____oh   _____   _____
15. der _____aden   _____   _____
16. __fl__au   _____   _____
17. _____iegen   _____   _____
18. _____iehen   _____   _____
19. _____uchen   _____   _____

🐦 Bilde die Mehrzahl (Plural).

2. die _____   9. die _____
11. die _____   14. die _____

Lösung: die Drogen – die Fliegen – die Flure – die Flöhe

Zwei und mehr Konsonanten im Anlaut – fr / gl

Setze ein: Fr und fr. Schreibe dann das ganze Wort.

← hier wegknicken und auswendig schreiben

1. *die __Fr__ au   die Frau   die Frau
2. *die _____age
3. die _____eude
4. die _____eunde
5. der _____ieden
6. __fr__ agen
7. _____euen
8. _____ieren
9. *_____oh
10. *_____ei

Setze ein: Gl und gl.

11. *der __Gl__ aser   der Glaser
12. die _____ut
13. der _____aube
14. _____auben
15. _____eiten
16. _____eich
17. be_____eiten

Bilde die Mehrzahl (Plural).

1. die _____   2. die _____

11. _____

Steigere die Wie-Wörter (Adjektive).

9. froh – _____   10. frei – _____

Lösung: 1. die Frauen – 2. die Fragen – 11. die Glaser – 9. froher – 10. freier

Zwei und mehr Konsonanten im Anlaut – gr / kl

Setze ein: Gr und gr. Schreibe dann das ganze Wort.

← hier wegknicken und auswendig schreiben

1. der __Gr__aben — der Graben — der Graben
2. die ____anate
3. die ____eisin
4. die ____ube
5. der ____ieche
6. der ____obian
7. __gr__asen
8. ____atulieren
9. *____au
10. *____ausam
11. ____eifen

Setze ein: Kl und kl.

12. die __Kl__ebe — die Klebe
13. die ____eider
14. das ____ima
15. *__kl__ar
16. *____ein
17. ____auen
18. ____agen
19. ____eben

Steigere die Wie-Wörter (Adjektive).

9. grau – _____
10. grausam – _____
15. klar – _____
16. klein – _____

Lösung: grauer – grausamer – klarer – kleiner

Zwei und mehr Konsonanten im Anlaut – kr / kn / pf

✏️ Setze ein: Kr und kr. Schreibe dann das ganze Wort.

← hier wegknicken und auswendig schreiben

1. der __Kr__ agen   der Kragen   der Kragen
2. die _____ eide
3. *der _____ eisel
4. *das _____ okodil
5. die _____ ipo
6. *die _____ one
7. der _____ an
8. __kr__ iechen
9. _____ iegen
10. _____ euzen

✏️ Setze ein: Kn und kn.

11. der __Kn__ abe   der Knabe
12. das _____ ie
13. der _____ oten
14. die _____ ete
15. __kn__ eifen
16. _____ eten

✏️ Setze ein: Pf und pf.

17. der __Pf__ au   der Pfau
18. *der _____ eil
19. *die _____ eife
20. *die _____ ote
21. __pf__ eifen

Bilde die Mehrzahl (Plural).

3. die _____   4. die _____   6. die _____
18. die _____   19. die _____   20. die _____

Lösung: die Kreisel – die Krokodile – die Kronen – die Pfeile – die Pfeifen – die Pfoten

Zwei und mehr Konsonanten im Anlaut – pl / pr / tr

✎ Setze ein: Pl und pl. Schreibe dann das ganze Wort.

← hier wegknicken und auswendig schreiben

1. *das __Pl__akat   das Plakat   das Plakat
2. *der _____an
3. die _____eite
4. __pl__audern
5. _____anen

✎ Setze ein: Pr und pr.

6. *die __Pr__obe   die Probe
7. *die _____aline
8. die _____imel
9. die _____eise
10. __pr__ima
11. _____obieren

✎ Setze ein: Tr und tr.

12. *die __Tr__aube   die Traube
13. der _____aum
14. die _____eue
15. *die _____uhe
16. der _____ubel
17. die _____auer
18. der _____aber
19. __tr__agen
20. _____eten
21. _____eu

Bilde die Mehrzahl (Plural).

1. die _____   2. die _____   6. die _____
7. die _____   12. die _____   15. die _____

Lösung: die Plakate – die Pläne – die Proben – die Pralinen – die Trauben – die Truhen

Elke Loubier: Richtig schreiben von Beginn an – Band 1
© Persen Verlag, Buxtehude

Zwei und mehr Konsonanten im Anlaut – schl / schn / schw / schr

✏️ Setze ein: **Schl** und **schl**. Schreibe dann das ganze Wort.

← hier wegknicken und auswendig schreiben

1. der **Schl**eier — der Schleier
2. der ____auch
3. die ____eife
4. der ____eim
5. die ____euder
6. **schl**agen
7. ____afen
8. ____au

✏️ Setze ein: **Schn** und **schn**.

1. der **Schn**abel — der Schnabel
2. die ____auze
3. die ____nur
4. **schn**auben
5. ____eiden
6. ____eien

✏️ Setze ein: **Schw** und **schw**.

1. das **Schw**ein — das Schwein
2. der ____an
3. der ____ur
4. der ____ager
5. **schw**er
6. ____eben

✏️ Setze ein: **Schr** und **schr**.

1. die **Schr**aube — die Schraube
2. **schr**auben
3. ____eiben
4. ____eien

Zwei und mehr Konsonanten im Anlaut – St / st

Setze ein: St und st. Schreibe dann das ganze Wort.
Achtung: Wir sprechen [scht], aber wir schreiben ‚St', ‚st'.

← hier wegknicken und auswendig schreiben

1. *die __St__ufe   die Stufe   die Stufe
2. *die ____ube
3. *der ____iefel
4. *der ____iel
5. *der ____ein
6. *der ____ier
7. der ____ar

8. __st__aunen   staunen
9. ____ehen
10. ____eigen
11. *____eil
12. *____eif
13. *____ur

Bilde die Mehrzahl (Plural).

1. die _____   2. die _____   3. die _____
4. die _____   5. die _____   6. die _____

Steigere die Wie-Wörter (Adjektive).

11. steil _____   12. steif _____   13. stur _____

Lösung: die Stufen – die Stuben – die Stiefel – die Stiele – die Steine – die Stiere
steiler – steifer – sturer

Zwei und mehr Konsonanten im Anlaut – str

Setze ein: Str und str. Schreibe dann das ganze Wort.
Achtung: Wir sprechen [schtr], aber wir schreiben ‚Str', ‚str'.

← hier wegknicken und auswendig schreiben

1. *der __Str__auch   der Strauch   der Strauch
2. *der _____auß
3. *der _____eich
4. *der _____eifen
5. *die _____afe
6. der _____om
7. der _____udel

8. __str__eiken   streiken
9. *_____eiten
10. *_____euen
11. *_____afen
12. *_____eichen

Bilde die Mehrzahl (Plural).

1. die _____   2. (Vogel) die _____
2. (Blumen) die _____
3. die _____   4. die _____
5. die _____

Setze vor die Verben die Vorsilbe ‚be-'.

9. bestreiten   10. _____   11. _____   12. _____

Lösung: 1. die Sträucher – 2. (Vogel) die Strauße – 3. (Blumen) die Sträuße – 4. die Streiche – 5. die Straßen – 10. bestreuen – 11. bestreuen – 12. bestreichen

Zwei und mehr Konsonanten im Anlaut – sp / spr

Setze ein: Sp und sp. Schreibe dann das ganze Wort.
Achtung: Wir sprechen [schp], aber wir schreiben ‚Sp', ‚sp'.

← hier wegknicken und auswendig schreiben

1. *der **Sp**aten — der Spaten — der Spaten
2. *die _____eiche
3. *die _____eise
4. *der _____iegel
5. der _____inat
6. *die _____ur
7. *die _____irale
8. die _____ule
9. **sp**aren — sparen
10. _____azieren
11. _____ielen
12. _____uken

Setze ein: Spr und spr.

13. die **Spr**ache
14. der _____udel
15. _____eizen

Bilde die Mehrzahl (Plural).

1. die _____   2. die _____   3. die _____
4. die _____   6. die _____   7. die _____

Lösung: die Spaten – die Speichen – die Speisen – die Spiegel – die Spuren – die Spiralen

Elke Loubier: Richtig schreiben von Beginn an – Band 1
© Persen Verlag, Buxtehude

ch im In- und Auslaut

Setze ein: ch. Schreibe dann das ganze Wort.

← hier wegknicken und auswendig schreiben

1. *die Ei__ch__e   die Eiche   die Eiche
2. *die Wei____e
3. *das Zei____en
4. *der Dei____
5. *der Tei____
6. das Rei____
7. wei____

8. der Rau____
9. der Bau____
10. der Lau____
11. der Hau____
12. au____
13. rau____en
14. fau____en

15. *der Ku____en
16. das Bu____
17. das Tu____
18. der Besu____
19. su____en
20. glei____

Bilde die Mehrzahl (Plural) zu den Nomen mit einem Sternchen.

1. die _____ 2. die _____ 3. die _____
4. die _____ 5. die _____ 15. die _____

Lösung: die Eichen – die Weichen – die Zeichen – die Deiche – die Teiche – die Kuchen

Wörter mit Umlauten – ä / ö

Setze ein: ä. Schreibe dann das ganze Wort.

← hier wegknicken und auswendig schreiben

1. der K_ä_fer — der Käfer — der Käfer
2. die S___ge
3. der K___se
4. der J___ger
5. die Tr___ne
6. die Kr___he

7. der S___bel
8. der Sch___del
9. erkl___ren
10. s___gen
11. *m___hen
12. *tr___ge

Setze ein: ö.

13. der L___we
14. die M___we
15. *h___ren
16. *l___sen
17. m___gen
18. *b___se
19. *sch___n

Steigere die Wie-Wörter (Adjektive).

12. träge – _____   18. böse – _____   19. schön – _____

Lösung: träger – böser – schöner

Wörter mit Umlauten – ü

Setze ein: ü. Schreibe dann das ganze Wort.

← hier wegknicken und auswendig schreiben

1. *der B_ü_gel   der Bügel   der Bügel
2. *der H___gel
3. *die R___be
4. das Gem___se
5. *der K___bel
6. *die L___ge
7. die M___he
8. *das K___ken
9. *der Z___gel
10. *die T___te
11. l___gen
12. ___ben
13. m___de*
14. tr___be*
15. ___berholen

Bilde die Mehrzahl (Plural).

1. die _____   2. die _____   3. die _____
5. die _____   6. die _____   8. die _____
9. die _____   10. die _____

Steigere die Wie-Wörter (Adjektive).

13. müde – _____   14. trübe – _____

Lösung: die Bügel – die Hügel – die Rüben – die Kübel – die Lügen – die Küken – die Zügel – die Tüten
müder – trüber

Wörter mit ß

Setze ein: ß. Schreibe dann das ganze Wort.

← hier wegknicken und auswendig schreiben

1. hei_ß_en heißen heißen
2. bei___en
3. rei___en
4. begie___en
5. grü___en
6. schie___en
7. *der Fu___

8. *der Gru___
9. *die Stra___e
10. *das Flo___
11. *der Sto___
12. *der Klo___
13. der Spa___
14. der Strau___

15. sü___
16. wei___
17. hei___
18. gro___
19. blo___
20. drau___en

Bilde die Mehrzahl (Plural).

7. die _____   8. die _____   9. die _____
10. die _____ 11. die _____ 12. die _____

Lösung: die Füße – die Grüße – die Straßen – die Flöße – die Stöße – die Klöße

Lehrerexemplar – Vorschläge für eine Lernziel-Diagnose (5)

Folgende Wortgruppen von je 5 Wörtern sollten (vor-)geübt werden.
Alle Wörter sind aus den vorangegangenen schriftlichen Übungen bekannt. Mündlich vorgegebene, also diktierte Wörter haben eine viel schwierigere Qualität: eine gehörte Lautfolge muss eigenständig – über die innere Sprache, die Schreibsprache – in eine Buchstabenfolge umgesetzt werden. Wörterdiktate der hier vorgeschlagenen Art haben das Ziel, herauszufinden, ob allen Schülern die Richtigschreibung dank einer optimal ausgebildeten Schreibsprache gelingt.
Beim (Vor-)Üben sollte ‚kommentiert' diktiert werden: buchstabieren, Laute klären, an die Tafel schreiben, damit jedem Kind die Richtigschreibung gelingt.

Auf die Großschreibung aller Wörter hinweisen!

1. Wir gehen über die Straße. Schreibe ‚Straße'.
2. Sina isst eine Brezel. Schreibe ‚Brezel'.
3. Ich verfolge die Fliege mit den Augen. Schreibe ‚Fliege'.
4. Kevin springt über den Graben. Schreibe ‚Graben'.
5. Das sind die Schrotflinten der Jäger. Schreibe ‚Jäger'.

---

6. Gestern gab es im Fernsehen eine Sendung über das Krokodil. Schreibe ‚Krokodil'.
7. Wir können den Knoten nicht lösen. Schreibe ‚Knoten'.
8. Der Hund leckt seine verwundete Pfote. Schreibe ‚Pfote'.
9. Papa betrachtet das Plakat. Schreibe ‚Plakat'.
10. Ein kleiner Junge füttert die Möwe. Schreibe ‚Möwe'.

---

11. Die spielenden Kinder verstecken sich in einer Truhe. Schreibe ‚Truhe'.
12. Lena ist erst 5 und kann schon eine Schleife binden. Schreibe ‚Schleife'.
13. Du musst die Schnur hier anbinden. Schreibe ‚Schnur'.
14. Allen Gästen schmeckt der Kuchen. Schreibe ‚Kuchen'.
15. Der Nikolaus füllt den Stiefel. Schreibe ‚Stiefel'.

---

16. Ich verstehe die Sprache der Chinesen nicht. Schreibe ‚Sprache'.
17. Der Mechaniker lockert die Schraube. Schreibe ‚Schraube'.
18. Schafe und Lämmer laufen über den Deich. Schreibe ‚Deich'.
19. Nach dem Sprung tut ihm der Fuß weh. Schreibe ‚Fuß'.
20. Wir kaufen das Gemüse auf dem Wochenmarkt. Schreibe ‚Gemüse'.

Auswertung s. Seite 51
Bei Kleinschreibung nachprüfen, ob der Großbuchstabe nicht abgerufen werden konnte.
Bei Großschreibung im Wort liegt wahrscheinlich auch Buchstabenunkenntnis vor.

Förderung: Die Übungen mehrfach wiederholen lassen, in denen die Wörter vorkommen, die falsch geschrieben wurden.

Lernzieldiagnose (5)

Name: _____ Datum: _____

✏️ Schreibe ein Wort. Alle Wörter werden großgeschrieben.

1. _____   6. _____

2. _____   7. _____

3. _____   8. _____

4. _____   9. _____

5. _____ 10. _____

11. _____ 16. _____

12. _____ 17. _____

13. _____ 18. _____

14. _____ 19. _____

15. _____ 20. _____

Wo.F.: ____ **Vst.:** ____ **WT:** ____ **WD:** ____ **WR:** ____ **L:** ____ **Kl.:** ____ **Gr.:** ____

Bemerkungen: _____

Wo.F.: Wortfehler **Vst.:** Verstöße **WT:** Wahrnehmungs-Trennschärfe **WD:** Wahrnehmungs-Durchgliederung **WR:** Wahrnehmungs-Richtung **L:** Lautgetreues Schreiben **Kl:** Kleinschreibung von Nomen und Namen **Gr:** Großschreibung im Wort

Elke Loubier: Richtig schreiben von Beginn an – Band 1
© Persen Verlag, Buxtehude

Festigungsaufgaben – B / b

✏ Setze ein: B oder b. Schreibe dann das ganze Wort.

← hier wegknicken und auswendig schreiben

1. der B esen — der Besen — der Besen
2. der Ra_b_e
3. der ___ote
4. der ___auer
5. die Ga___el
6. der ___auch
7. die Le___er

8. die ___anane
9. der ___oden
10. der ___aum
11. die Ka___ine
12. der ___eruf
13. das ___ein
14. die Lie___e

15. die Schei___e
16. die Tau___e
17. die Tu___e
18. ha___en
19. le___en
20. ___aden

Festigungsaufgaben – D / d

✎ Setze ein: D oder d. Schreibe dann das ganze Wort.

← hier wegknicken und auswendig schreiben

1. die __D__ ame   die Dame   die Dame
2. das Le__d__er
3. der ___aumen
4. der ___eich
5. die ___iele
6. der ___iener
7. die ___ose

8. der ___iesel
9. das ___omino
10. das ___atum
11. der ___egen
12. die ___iva
13. die A___er
14. die Fe___er

15. die Ma___e
16. die Sei___e
17. das Ra___io
18. der Fa___en
19. die Wa___e
20. das Mika___o

Festigungsaufgaben – F / f

Setze ein: F oder f. Schreibe dann das ganze Wort.

← hier wegknicken und auswendig schreiben

1. der _F_aden — der Faden — der Faden
2. der Ha_f_er
3. die ___eder
4. die ___eier
5. die ___eige
6. die ___eile
7. die ___ete

8. der ___eudel
9. das ___euer
10. das ___ieber
11. das ___oto
12. die ___ibel
13. das Scha___
14. der Hau___en

15. das Mo___a
16. die Sei___e
17. der Ho___
18. das So___a
19. ___auchen
20. ___egen

Festigungsaufgaben – G / g

Setze ein: G oder g. Schreibe dann das ganze Wort.

← hier wegknicken und auswendig schreiben

1. der _G_aumen   der Gaumen   der Gaumen
2. der Re_g_en
3. der Wa___en
4. die ___ei___e
5. der ___aul
6. der Rei___en
7. der ___eier
8. der Bo___en
9. der Zeu___e
10. der Ma___en
11. das ___ebet
12. der Ke___el
13. der ___auner
14. der ___eiz
15. der Se___en
16. lie___en
17. ___emein
18. ___enug
19. ___enau
20. zei___en

Elke Loubier: Richtig schreiben von Beginn an – Band 1
© Persen Verlag, Buxtehude

Festigungsaufgaben – H / h

Setze ein: H oder h. Schreibe dann das ganze Wort.

← hier wegknicken und auswendig schreiben

1. der **H**afen — der Hafen — der Hafen
2. der ___ase
3. der ___aufen
4. die ___efe
5. die ___ose
6. der ___afer
7. das ___aus
8. die ___upe
9. das ___eu
10. der ___of
11. der ___ut
12. die ___aut
13. **h**aben
14. ge___en
15. ru___en
16. se___en
17. ___eilen
18. we___en
19. ___olen
20. ___upen

Festigungsaufgaben – J / j

Setze ein: J oder j. Schreibe dann das ganze Wort.

← hier wegknicken und auswendig schreiben

1. der **J**uni — der Juni — der Juni
2. der ___uli
3. der ___anuar
4. der ___aguar
5. die ___auche
6. der ___oker
7. ___esus
8. ___apan
9. der ___apaner
10. der ___ubel
11. das ___udo
12. **j**aulen
13. ___agen
14. ___ubeln
15. die Bo___e
16. die Ko___e
17. ___eder
18. die Ma___o

Festigungsaufgaben – K / k

Setze ein: K oder k. Schreibe dann das ganze Wort.

← hier wegknicken und auswendig schreiben

1. das _K_ino   das Kino   das Kino
2. der Ha_k_en
3. der ___uli
4. die ___arawane
5. die Pau___e
6. der ___uchen
7. der ___a___adu

8. das ___abel
9. der ___anal
10. das La___en
11. die Lu___e
12. die ___abine
13. die ___anone
14. der ___amin

15. der ___a___ao
16. die Ra___ete
17. der Po___al
18. die ___apuze
19. die ___ugel
20. das ___anu

Festigungsaufgaben – L / l

Setze ein: L oder l. Schreibe dann das ganze Wort.

← hier wegknicken und auswendig schreiben

1. der **L**aden — der Laden — der Laden
2. das ___ager
3. das ___ama
4. die ___iebe
5. die ___aune
6. das ___eder
7. die ___eine
8. die ___eute
9. die ___eier
10. die ___eiter
11. die Mei_l_e
12. die Schu___e
13. die Scha___e
14. ___aufen
15. ___esen
16. ___ieben
17. ___eben
18. ___egen
19. ___eiden
20. ___iegen

Festigungsaufgaben – M / m

Setze ein: M oder m. Schreibe dann das ganze Wort.

← hier wegknicken und auswendig schreiben

1. die **M**ade — die Made — die Made
2. der ___aler
3. die ___aus
4. die ___elone
5. das ___ofa
6. die ___iete
7. der ___eter

8. der ___aurer
9. die ___eise
10. die ___inute
11. der Ei_**m**_er
12. das La___a
13. der Na___e
14. die O___a

15. die ___auer
16. die A___eise
17. das Ka___el
18. die Ka___era
19. die Sala___i
20. der ___agen

60 — Elke Loubier: Richtig schreiben von Beginn an – Band 1 © Persen Verlag, Buxtehude

Festigungsaufgaben – N / n

Setze ein: N oder n. Schreibe dann das ganze Wort.

↤ hier wegknicken und auswendig schreiben

1. die _N_ ase — die Nase — die Nase
2. der ___abel
3. der ___ame
4. der ___ebel
5. die ___iere
6. die ___ote
7. die ___udel
8. die ___iete
9. der ___agel
10. die ___adel
11. die Lei_n_e
12. die Melo___e
13. die Rosi___e
14. die Kabi___e
15. ___iesen
16. ___agen
17. wei___en
18. die Mi___ute
19. die Lawi___e
20. mei___en

Festigungsaufgaben – P / p

Setze ein: P oder p. Schreibe dann das ganze Wort.

← hier wegknicken und auswendig schreiben

1. der __P__irat — der Pirat — der Pirat
2. die Hu__p__e
3. der O___a
4. der ___okal
5. die ___olizei
6. die Lu___e
7. die ___ute

8. die Rau___e
9. die ___ause
10. die Ta___ete
11. die Ka___uze
12. der ___ate
13. das ___aket
14. der ___ilot

15. die ___auke
16. der ___a___agei
17. das ___a___ier
18. das ___aradies
19. ___eter
20. ___aula

Festigungsaufgaben – R / r

Setze ein: R oder r. Schreibe dann das ganze Wort.

← hier wegknicken und auswendig schreiben

1. der _R_ abe — der Rabe — der Rabe
2. der ___asen
3. der ___eiter
4. die ___eise
5. der ___egen
6. der ___eifen
7. der ___iese

8. die ___ose
9. die ___eihe
10. die ___uhe
11. die ___ute
12. der Pi_r_at
13. der Be___uf
14. die Wa___e

15. der Mau___er
16. ___ufen
17. ___eden
18. ___eiten
19. ___iechen
20. ___aten

Festigungsaufgaben – S / s

Setze ein: S oder s. Schreibe dann das ganze Wort.

← hier wegknicken und auswendig schreiben

1. die **S**age — die Sage — die Sage
2. die ___alami
3. der ___alat
4. der ___aum
5. das ___eil
6. die ___eife
7. die ___eite

8. die ___euche
9. das ___ofa
10. **s**agen
11. ___aufen
12. ___uchen
13. ___iegen
14. ___ieben

15. der Be___en
16. die Pau___e
17. die Rei___e
18. die Na___e
19. die Ro___e
20. die Amei___e

Festigungsaufgaben – T / t

Setze ein: T oder t. Schreibe dann das ganze Wort.

← hier wegknicken und auswendig schreiben

1. die __T__ afel — die Tafel — die Tafel
2. die ___omate
3. die ___ube
4. die ___aube
5. die ___apete
6. das ___elefon
7. die ___aufe
8. der ___eich
9. das ___al
10. __t__ eilen
11. ___aufen
12. ___oben
13. der ___on
14. das Kara___e
15. der Me___er
16. der Ka___er
17. die No___e
18. die Rake___e
19. der Hu___
20. be___en

Elke Loubier: Richtig schreiben von Beginn an – Band 1
© Persen Verlag, Buxtehude

Festigungsaufgaben – W / w

Setze ein: W oder w. Schreibe dann das ganze Wort.

← hier wegknicken und auswendig schreiben

1. die __W__ade   die Wade   die Wade
2. der ___agen
3. der ___ein
4. die ___iese
5. der ___eizen
6. die ___are
7. die ___eide
8. die ___iege
9. die ___ut
10. __w__eben
11. ___einen
12. ___iegen
13. ___agen
14. ___ehen
15. ___eich
16. ___eil
17. die La___ine
18. die Kara___ane
19. be___egen
20. so___ieso

Festigungsaufgaben – Z / z

Setze ein: Z oder z. Schreibe dann das ganze Wort.

← hier wegknicken und auswendig schreiben

1. der **Z**auber — der Zauber — der Zauber
2. der ___aun
3. das ___eichen
4. die ___eile
5. die ___eit
6. die ___iege
7. der ___igeuner
8. das ___iel
9. der ___euge
10. der ___ivi
11. die ___one
12. die Kapu_z_e
13. der Wei___en
14. hei___en
15. ___iehen
16. ___ugeben
17. ___ielen
18. ___uschauen
19. rei___en
20. der ___uschauer

Elke Loubier: Richtig schreiben von Beginn an – Band 1
© Persen Verlag, Buxtehude

Kurzer Stammvokal – a

Setze ein: (kurzes) a. Schreibe dann das ganze Wort.

	mit Silbentrennung	ohne Silbentrennung
1. der G___r ten	der Gar ten	der Garten
2. die K___r te		
3. die M___n del		
4. die M___s ke		
5. die K___n te		
6. die N___r be		
7. der H___n del		
8. der W___l zer		
9. der Sch___l ter		
10. die F___r be		
11. *h___l ten		
12. *h___n deln		
13. w___r ten		
14. *d___n ken		
15. *sch___l ten		
16. *t___n zen		
17. l___n den		
18. sp___l ten		
19. t___n ken		
20. w___r nen		

Finde das verwandte Nomen zu den Verben mit dem Sternchen. Beispiel: 11. der Halt

12. der _____   14. der _____
15. der _____   16. der _____

Lösung: der Handel – der Dank – der Schalter – der Tanz

Kurzer Stammvokal – e

✎ Setze ein: (kurzes) e̲. Schreibe dann das ganze Wort.

	mit Silbentrennung	ohne Silbentrennung
1. der S___n d er	der Sen der	der Sender
2. *die W___s pe		
3. *der H___l fer		
4. *der Kal___n d er		
5. die St___r ne		
6. die St___l zen		
7. die B___r ge		
8. die Schm___r zen		
9. *die R___n te		
10. die F___r ne		
11. die Gr___n ze		
12. h___l fen		
13. m___r ken		
14. w___r ben		
15. m___l den		
16. w___r fen		
17. st___r ben		
18. s___n den		
19. bl___n den		
20. sch___n ken		

Bilde die Mehrzahl (Plural).

2. die _____   3. die _____

4. die _____   9. die _____

Lösung: die Wespen – die Helfer – die Kalender – die Renten

Kurzer Stammvokal – i

Setze ein: (kurzes) i. Schreibe dann das ganze Wort.

	mit Silbentrennung	ohne Silbentrennung
1. der Bl__n de	der Blin de	der Blinde
2. *die B__r ke		
3. *die W__n del		
4. *die R__n de		
5. der Schw__n del		
6. *die B__n de		
7. der H__r te		
8. die P__l ze		
9. die K__n der		
10. der Bl__n ker		
11. b__l den		
12. verb__n den		
13. h__n ten		
14. w__l dern		
15. bl__n zeln		
16. w__n seln		
17. s__n gen		
18. schw__n gen		
19. w__n ken		
20. kl__n gen		

Bilde die Mehrzahl (Plural).

2. die _____   3. die _____

4. die _____   6. die _____

Lösung: die Birken – die Windeln – die Rinden – die Binden

Kurzer Stammvokal – o und u

✏ Setze ein: (kurzes) o. Schreibe dann das ganze Wort.

	mit Silbentrennung	ohne Silbentrennung
1. die T___r te	die Tor te	die Torte
2. die G___n del		
3. die S___r te		
4. die S___n de		
5. die B___r te		
6. das K___n to		
7. die W___l ke		
8. p___l tern		

✏ Setze ein: (kurzes) u. Schreibe dann das ganze Wort.

	mit Silbentrennung	ohne Silbentrennung
1. der K___n de		
2. die W___n de		
3. das W___n der		
4. die St___n de		
5. der H___n ger		
6. die L___n ge		
7. die R___n de		
8. t___r nen		
9. w___n der bar		

Ordne alle ‚o'-Wörter alphabetisch.
1. die Borte
2. _____
3. _____
4. _____
5. _____
6. _____
7. _____
8. _____

Ordne alle ‚u'-Wörter alphabetisch.
1. der Hunger
2. _____
3. _____
4. _____
5. _____
6. _____
7. _____
8. _____
9. wunderbar

Lösung: die Gondel – das Konto – poltern – die Sonde – die Sorte – die Torte – die Wolke – der Kunde – die Lunge – die Runde – die Stunde – turnen – die Wunde – das Wunder

Lehrerexemplar – Vorschläge für eine Lernziel-Diagnose (6)

Folgende Wortgruppen von je 5 Wörtern sollten (vor-)geübt werden.
Alle Wörter sind aus den vorangegangenen schriftlichen Übungen bekannt. Mündlich vorgegebene, also diktierte Wörter haben eine viel schwierigere Qualität: eine gehörte Lautfolge muss eigenständig – über die innere Sprache, die Schreibsprache – in eine Buchstabenfolge umgesetzt werden. Wörterdiktate der hier vorgeschlagenen Art haben das Ziel, herauszufinden, ob allen Schülern die Richtigschreibung dank einer optimal ausgebildeten Schreibsprache gelingt.
Beim (Vor-)Üben sollte ‚kommentiert' diktiert werden: buchstabieren, Laute klären, an die Tafel schreiben, damit jedem Kind die Richtigschreibung gelingt.

Auf die Großschreibung der ersten 10 Wörter und die Kleinschreibung der folgenden
10 Wörter hinweisen!

1. Ich esse eine Mandel. Schreibe ‚Mandel'.
2. Die Kapelle spielt einen Walzer. Schreibe ‚Walzer'.
3. Am Himmel sind viele, viele Sterne zu sehen. Schreibe ‚Sterne'.
4. Der Verletzte klagt über Schmerzen in den Beinen. Schreibe ‚Schmerzen'.
5. Der Blinde kann sich auf seinen Hund verlassen. Schreibe ‚Blinde'.

---

6. Jedes Auto hat einen Blinker. Schreibe ‚Blinker'.
7. Eine große Wolke verdunkelt die Sonne. Schreibe ‚Wolke'.
8. Auf die Berge kann man mit einer Gondel fahren. Schreibe ‚Gondel'.
9. Mittags habe ich immer großen Hunger. Schreibe ‚Hunger'.
10. Freitags haben wir zur zweiten Stunde Unterricht. Schreibe ‚Stunde'.

---

11. Benzin tanken. Schreibe ‚tanken'.
12. Bei Gefahr schnell handeln. Schreibe ‚handeln'.
13. Zum Geburtstag etwas schenken. Schreibe ‚schenken'.
14. Zum Abschied winken. Schreibe ‚winken'.
15. Einen Ball werfen. Schreibe ‚werfen'.

---

16. Mit den Augen blinzeln. Schreibe ‚blinzeln'.
17. Kleine Hunde winseln. Schreibe ‚winseln'.
18. Am Reck turnen. Schreibe ‚turnen'.
19. Über einen Stein stolpern. Schreibe ‚stolpern'.
20. Beim Festumzug Fahnen schwingen. Schreibe ‚schwingen'.

Auswertung s. Seite 73

Förderung: Die Übungen mehrfach wiederholen lassen, in denen die Wörter vorkommen, die falsch geschrieben wurden.

Lernzieldiagnose (6)

Name: _____ Datum: _____

✏ Schreibe ein Wort.

1. _____   6. _____

2. _____   7. _____

3. _____   8. _____

4. _____   9. _____

5. _____   10. _____

11. _____   16. _____

12. _____   17. _____

13. _____   18. _____

14. _____   19. _____

15. _____   20. _____

Wo.F.: _____ **Vst.:** _____ **WT:** _____ **WD:** _____ **WR:** _____ **L:** _____ **Kl.:** _____ **Gr.:** _____

Bemerkungen: _____

Wo.F.: Wortfehler **Vst.:** Verstöße **WT:** Wahrnehmungs-Trennschärfe **WD:** Wahrnehmungs-Durchgliederung **WR:** Wahrnehmungs-Richtung **L:** Lautgetreues Schreiben **Kl:** Kleinschreibung von Nomen und Namen **Gr:** Großschreibung im Wort

Konsonantendoppelung – ff

Setze ein: ff. Schreibe dann das ganze Wort.

		mit Silbentrennung	ohne Silbentrennung
1.	der A_ff_e	der Af fe	der Affe
2.	*die Gira___e		
3.	*der Tre___er		
4.	*die Zi___er		
5.	*die Wa___e		
6.	*die Karto___el		
7.	*der Panto___el		
8.	der Ko___er		
9.	der Pu___er		
10.	der Bü___el		
11.	der Ne___e		
12.	die Sta___el		
13.	der Lö___el		
14.	die Schi___e		
15.	scha___en		
16.	tre___en		
17.	ho___en		
18.	o___en		
19.	ga___en		
20.	klä___en		

Bilde die Mehrzahl (Plural).

2. die _____   3. die _____   4. die _____
5. die _____   6. die _____   7. die _____

Lösung: die Giraffen – die Treffer – die Ziffern – die Waffen – die Kartoffeln – die Pantoffeln

Konsonantendoppelung – ll

✏️ Setze ein: ll. Schreibe dann das ganze Wort.

	mit Silbentrennung	ohne Silbentrennung
1. die We_ll_e	die Wel le	die Welle
2. die Ha___e		
3. die Fa___e		
4. die Wo___e		
5. die Ga___e		
6. die Fore___e		
7. die Libe___e		
8. die Ste___e		
9. der Wi___e		
10. die Bri___e		
11. der Te___er		
12. die Ro___e		
13. der Schnu___er		
14. fa___en		
15. ste___en		
16. ro___en		
17. be___en		
18. so___en		

Ordne alle Nomen von 1–13 alphabetisch.

1. die Brille
2. _____
3. _____
4. _____
5. _____
6. _____
7. die Rolle
9. _____
10. _____
11. _____
12. _____
13. _____

Lösung: die Falle – die Forelle – die Galle – die Halle – die Libelle – die Rolle – der Schnuller – die Stelle – der Teller – die Welle – der Wille – die Wolle

Elke Loubier: Richtig schreiben von Beginn an – Band 1
© Persen Verlag, Buxtehude

Konsonantendoppelung – mm

Setze ein: mm. Schreibe dann das ganze Wort.

		mit Silbentrennung	ohne Silbentrennung
1.	die Fla__mm__e	die Flam me	die Flamme
2.	der Ha____er		
3.	die Sti____e		
4.	die Su____e		
5.	der Schwi____er		
6.	das Zi____er		
7.	die Kla____er		
8.	der So____er		
9.	die Nu____er		
10.	der Ku____er		
11.	der Hu____er		
12.	kä____en		
13.	kle____en		
14.	su____en		
15.	ko____en		
16.	bru____en		
17.	zusa____en		
18.	i____er		
19.	hä____ern		

Bilde die Einzahl (Singular) folgender Nomen.

1. die Dämme – der Damm 2. die Kämme – der _____
3. die Lämmer – das _____ 4. die Schwämme – der _____

Lösung: der Kamm – das Lamm – der Schwamm

Konsonantendoppelung – nn

Setze ein: nn. Schreibe dann das ganze Wort.

	mit Silbentrennung	ohne Silbentrennung
1. der Bru__nn__en	der Brun_nen	der Brunnen
2. die He____e		
3. die Ka____e		
4. die Pfa____e		
5. die Wa____e		
6. die Pa____e		
7. die To____e		
8. die So____e		
9. der Do____er		
10. die Spi____e		
11. die Ri____e		
12. der Kö____er		
13. ke____en		
14. ne____en		
15. tre____en		
16. bre____en		
17. spi____en		
18. gewi____en		

Finde das verwandte Verb zu den beiden Nomen.

1. der Gewinn – _____   2. der Beginn – _____

Merke: „**Dann** und **wann** und **denn** und **wenn** schreibe ich mit **Doppel-nn**".

Lösung: gewinnen – beginnen

Konsonantendoppelung – pp

Setze ein: pp. Schreibe dann das ganze Wort.

	mit Silbentrennung	ohne Silbentrennung
1. der Schle__pp__er	der Schlep per	der Schlepper
2. die Pu____e		
3. die Su____e		
4. die Kri____e		
5. die Gru____e		
6. die Wi____e		
7. die Gri____e		
8. die Pa____e		
9. die Ma____e		
10. die Kla____e		
11. die Ka____e		
12. die Ste____e		
13. die Tre____e		
14. das Wa____en		
15. der La____en		
16. die Li____e		
17. die Ku____e		
18. die Ri____e		
19. ti____en		
20. wi____en		

Bilde zusammengesetzte Wörter. Beispiel: 1. der Acker<u>schlepper</u>

2. die Hand_____ 3. die Gemüse_____
4. die Kinder_____ 5. die Blut_____

Lösung: die Handpuppe – die Gemüsesuppe – die Kinderkrippe – die Blutgruppe

Konsonantendoppelung – rr

Setze ein: rr. Schreibe dann das ganze Wort.

	mit Silbentrennung	ohne Silbentrennung
1. der Pfa__rr__er	der Pfar rer	der Pfarrer
2. die Ka____e		
3. die Ziga____e		
4. die Gita____e		
5. die Spe____e		
6. die Dü____e		
7. der Ba____en		
8. die Na____en		
9. ze____en		
10. sta____en		
11. i____en		
12. mu____en		
13. knu____en		
14. gu____en		
15. kli____en		
16. ka____en		
17. spe____en		
18. verwi____en		
19. scha____en		
20. veri____en		

Bilde zusammengesetzte Wörter. Beispiel: 1. der Dorfpfarrer
2. die Schub_____   5. die Tal_____
7. der Gold_____   8. die Hof_____

Lösung: die Schubkarre – die Talsperre – der Goldbarren – die Hofnarren

Elke Loubier: Richtig schreiben von Beginn an – Band 1
© Persen Verlag, Buxtehude

Konsonantendoppelung – tt

Setze ein: tt. Schreibe dann das ganze Wort.

	mit Silbentrennung	ohne Silbentrennung
1. das We_tt_er	das Wet ter	das Wetter
2. der Scha____en		
3. der Re____er		
4. das Gi____er		
5. der Ri____er		
6. die Bu____er		
7. das Fu____er		
8. der Ku____er		
9. die Mu____er		
10. die Ma____e		
11. die Ra____e		
12. die Wa____e		
13. die Ke____e		
14. die We____e		
15. die Mi____e		
16. der Schli____en		
17. plä____en		
18. bi____en		
19. we____en		
20. re____en		

Bilde zusammengesetzte Wörter. Beispiel: 1. das Tau<u>wetter</u>

3. der Lebens_____   4. das Holz_____

5. der Raub_____   8. der Fisch_____

Lösung: der Lebensretter – das Holzgitter – der Raubritter – der Fischkutter

Konsonantendoppelung – ck

Setze ein: ck. Schreibe dann das ganze Wort 2-mal.

1. schi_ck_en   schicken   schicken
2. pa___en
3. schme___en
4. we___en
5. scho___en
6. bli___en
7. stri___en

8. ti___en
9. ho___en
10. bü___en
11. gu___en
12. ju___en
13. pflü___en
14. schlu___en

15. spu___en
16. dru___en
17. drü___en
18. kna___en
19. stre___en
20. fli___en

Finde das verwandte Verb. Beispiel: (1) das Schicksal – schicken

der Anblick – _____   der Drucker – _____

der Wecker – _____   der Ausguck – _____

die Hocke – _____   der Pflücker – _____

Lösung: blicken – drucken – wecken – gucken – hocken – pflücken

Elke Loubier: Richtig schreiben von Beginn an – Band 1
© Persen Verlag, Buxtehude

Konsonantendoppelung – tz

Setze ein: tz. Schreibe dann das ganze Wort.

	mit Silbentrennung	ohne Silbentrennung
1. pla_tz_en	plat zen	platzen
2. schä___en		
3. schma___en		
4. kra___en		
5. schwa___en		
6. he___en		
7. stü___en		
8. pe___en		
9. se___en		
10. pu___en		
11. fli___en		
12. bli___en		
13. schni___en		
14. schü___en		
15. spri___en		
16. schwi___en		
17. anspi___en		
18. erhi___en		
19. verle___en		
20. si___en		

Finde das verwandte Verb. Beispiel: (1) der Platzregen – platzen

der Flitzer – _____ die Verletzung – _____

die Stütze – _____ der Schutz – _____

der Schatz – _____ der Anspitzer – _____

Lösung: flitzen – verletzen – stützen – schützen – schätzen – anspitzen

Konsonantendoppelung – ss (1)

Setze ein: ss. Schreibe dann das ganze Wort.

	mit Silbentrennung	ohne Silbentrennung und Mehrzahl 1–12
1. die Ka__ss__e	die Kas se	die Kassen
2. die Kla____e		
3. die Ma____e		
4. die Ta____e		
5. die Adre____e		
6. die Fre____e		
7. die Pre____e		
8. die Flo____e		
9. der Schlo____er		
10. das Me____er		
11. der Bi____en		
12. das Ki____en		
13. das Wa____er		
14. kü____en		
15. e____en		
16. verge____en		
17. wi____en		
18. vermi____en		
19. mü____en		
20. anfa____en		

Bilde zusammengesetzte Wörter. Beispiel: 1. die Ladenkasse

2. die Schul_____   3. die Knet_____

4. die Unter_____   12. das Sofa_____

Lösung: die Schulklasse – die Knetmasse – die Unterlasse – das Sofakissen

Konsonantendoppelung – ss (2)

✏️ Setze ein: ss. Schreibe dann das ganze Wort.

Mehrzahl (Plural)

1. das A_ss_   das Ass   die Asse
2. der Ba____
3. das Fa____
4. der Pa____
5. der Bi____
6. der Imbi____
7. das Gebi____
8. der Ri____

9. der Flu____
10. der Schu____
11. der Schlu____
12. die Nu____
13. der Ku____
14. der Aufgu____
15. der Bo____
16. das Schlo____

Lösung Mehrzahl (Plural):

Die Bässe – die Fässer – die Pässe – die Bisse – die Imbisse – die Gebisse – die Risse – die Flüsse – die Schüsse – die Schlüsse – die Nüsse – die Küsse – die Aufgüsse – die Bosse – die Schlösser

---

Bilde zusammengesetzte Wörter. Beispiel: 1. das Pikass

3. das Öl_____   4. der Reise_____
5. der Hunde_____   7. das Pferde_____
8. der Muskel_____ 10. der Streif_____

Lösung: das Ölfass – der Reisepass – der Hundebiss – das Pferdegebiss – der Muskelriss – der Streifschuss

Lehrerexemplar – Vorschläge für eine Lernziel-Diagnose (7)

Folgende Wortgruppen von je 5 Wörtern sollten gründlich (vor-)geübt werden.
Alle Wörter sind aus den vorangegangenen schriftlichen Übungen bekannt. Mündlich vorgegebene, also diktierte Wörter haben eine viel schwierigere Qualität: eine gehörte Lautfolge muss eigenständig – über die innere Sprache, die Schreibsprache – in eine Buchstabenfolge umgesetzt werden. Wörterdiktate der hier vorgeschlagenen Art haben das Ziel, herauszufinden, ob allen Schülern die Richtigschreibung dank einer optimal ausgebildeten Schreibsprache gelingt.
Beim (Vor-)Üben sollte ‚kommentiert' diktiert werden: buchstabieren, Laute klären, an die Tafel schreiben, damit jedem Kind die Richtigschreibung gelingt.

Groß- und Kleinschreibung ankündigen!

1. eine Kartoffel schälen, schreibe ‚Kartoffel'
2. dem Baby einen Schnuller geben, schreibe ‚Schnuller'
3. einen Nagel mit dem Hammer einschlagen, schreibe ‚Hammer'
4. eine Spinne in ihrem Netz beobachten, schreibe ‚Spinne'
5. mit einer Puppe spielen, schreibe ‚Puppe'

6. auf einer Gitarre spielen, schreibe ‚Gitarre'
7. Brot mit Butter bestreichen, schreibe ‚Butter'
8. den Wecker auf 7 Uhr stellen, schreibe ‚Wecker'
9. beim Gewitter zucken Blitze über den Himmel, schreibe ‚Blitze'
10. auf dem Sofa liegt ein Kissen, schreibe ‚Kissen'

11. auf gutes Wetter hoffen, schreibe ‚hoffen'
12. Hunde bellen, schreibe ‚bellen'
13. die Haare kämmen, schreibe ‚kämmen'
14. ein Spiel gewinnen, schreibe ‚gewinnen'
15. einen schweren Koffer schleppen, schreibe ‚schleppen'

16. einen Koffer packen, schreibe ‚packen'
17. die Brille putzen, schreibe ‚putzen'
18. um Verzeihung bitten, schreibe ‚bitten'
19. Hunde zerren an der Leine, schreibe ‚zerren'
20. jeden Morgen früh aufstehen müssen, schreibe ‚müssen'

Auswertung s. Seite 86

Förderung: die Übungen mehrfach wiederholen lassen, in denen die Wörter vorkommen, die falsch geschrieben wurden.

Lernzieldiagnose (7)

Name: _____ Datum: _____

✏️ **Schreibe ein Wort.**

---

1. _____   6. _____

2. _____   7. _____

3. _____   8. _____

4. _____   9. _____

5. _____ 10. _____

11. _____ 16. _____

12. _____ 17. _____

13. _____ 18. _____

14. _____ 19. _____

15. _____ 20. _____

Wo.F.: _____ Vst.: _____ WT: _____ WD: _____ WR: _____ L: _____ Kl.: _____ Gr.: _____

Bemerkungen: _____

Wo.F.: Wortfehler **Vst.:** Verstöße **WT:** Wahrnehmungs-Trennschärfe **WD:** Wahrnehmungs-Durchgliederung **WR:** Wahrnehmungs-Richtung **L:** Lautgetreues Schreiben **Kl:** Kleinschreibung von Nomen und Namen **Gr:** Großschreibung im Wort

---

Elke Loubier: Richtig schreiben von Beginn an – Band 1
© Persen Verlag, Buxtehude

Wörter mit Qu / qu (1)

Schreibe jedes Wort ab.

Wiederholung

1. die Qualle   die Qualle
2. die Quelle _____
3. der Quark _____
4. die Quitte _____
5. der Qualm _____
6. der Quirl _____
7. das Quadrat _____
8. die Qual _____
9. das Quartier _____
10. das Quartett _____
11. das Quiz _____
12. der Quatsch _____

13. das Quecksilber _____
14. das Aquarium _____

Wiederholung

1. quaken _____
2. quieken _____
3. quälen _____
4. quetschen _____
5. quatschen _____
6. überqueren _____

bequem _____   quitt _____   quer _____

Welches Verb (Tunwort) mit ‚qu' passt?

quatschen – überqueren – quieken – quaken – quälen – quetschen

1. Frösche
2. Schweine
3. sich den Finger
4. eine Straße
5. dummes Zeug
6. man darf Tiere nicht

Lösung: Frösche quaken – Schweine quieken – sich den Finger quetschen – eine Straße überqueren – dummes Zeug quatschen – man soll Tiere nicht quälen

Wörter mit Qu / qu (2)

Kannst du die ‚Qu/qu-Wörter' zuordnen?

das Quartier – das Quadrat – die Quitte – das Aquarium – die Qualle – die Quelle – das Quartett

1. eine gelbe Frucht, die man roh nicht essen kann:
   _____

2. Viereck mit gleich langen Seiten:
   _____

3. fast durchsichtiges Wassertier:
   _____

4. Unterkunft, Schlaf- und Wohnmöglichkeit:
   _____

5. Stelle, an der ein Fluss entspringt:
   _____

6. Spiel mit Karten:
   _____

7. Wasserbehälter für kleine Fische:
   _____

Lösung:
1. Quitte – 2. Quadrat – 3. Qualle – 4. Quartier – 5. Quelle – 6. Quartett – 7. Aquarium

Bilde die Mehrzahl (Plural)

Singular	Plural	Singular	Plural
1. die Qualle	die _____	5. das Quartier	die _____
2. die Quelle	_____	6. die Quitte	_____
3. das Quadrat	_____	7. die Qual	_____
4. das Quartett	_____	8. der Quarz	_____

Lösung: die Quallen – die Quellen – die Quadrate – die Quartette – die Quartiere – die Quitten – die Qualen – die Quarze

Wörter mit Qu / qu (3) – Buchstabensalat

Folgende Wörter mit QU findest du in dem Buchstabensalat:
Aquarium – bequem – quaken – Quader – Quadrat – quälen – Qualle – Qualm – Quark – Quartett – Quatsch – Quecksilber – Quelle – quer – quetschen – quieken – quitt – Quitte – Quiz – überqueren

Die Wörter können waagerecht, senkrecht, diagonal und rückwärts gelesen werden.

A	N	X	Y	R	V	H	C	S	T	A	U	Q	R
G	J	K	Ö	E	T	T	I	U	Q	M	Z	P	E
U	I	K	V	D	L	Ä	Y	S	A	I	P	R	B
V	D	Q	U	A	K	E	N	B	U	Y	R	E	L
D	Ö	U	O	U	P	Z	T	Q	R	L	M	V	I
R	T	E	C	Q	U	I	E	K	E	N	X	A	S
E	T	L	B	Z	I	O	P	T	E	Z	W	B	K
U	E	L	M	Q	U	A	D	R	A	T	K	R	C
Q	T	E	O	L	K	N	E	Z	B	D	A	G	E
B	R	N	B	V	A	U	B	K	N	U	W	E	U
C	A	T	Q	H	Q	J	E	M	Q	C	X	L	Q
T	U	Z	U	R	U	M	Q	Y	M	J	G	L	W
Z	Q	C	E	H	A	E	U	B	L	R	D	A	Q
T	G	B	T	M	R	K	E	V	A	T	R	U	B
B	Ü	N	S	W	I	Z	M	P	U	W	Ä	Q	K
L	O	P	C	K	U	R	B	J	Q	L	M	T	Z
Z	H	J	H	W	M	Z	I	O	E	O	L	N	M
B	T	E	E	J	L	P	M	N	Z	R	B	N	C
T	G	B	N	J	Q	U	I	T	T	Z	H	B	W

Wörter mit Qu / qu (3) – Buchstabensalat Lösung

Folgende Wörter mit QU findest du in dem Buchstabensalat:
Aquarium, bequem, quaken, Quader, Quadrat, quälen, Qualle, Qualm, Quark, Quartett, Quatsch, Quecksilber, Quelle, quer, quetschen, quieken, quitt, Quitte, Quiz, überqueren

Die Wörter können waagerecht, senkrecht, diagonal und rückwärts gelesen werden.

A	N	X	Y	R	V	H	C	S	T	A	U	Q	R
G	J	K	Ö	E	T	T	I	U	Q	M	Z	P	E
U	I	K	V	D	L	Ä	Y	S	A	I	P	R	B
V	D	Q	U	A	K	E	N	B	U	Y	R	E	L
D	Ö	U	O	U	P	Z	T	Q	R	L	M	V	I
R	T	E	C	Q	U	I	E	K	E	N	X	A	S
E	T	L	B	Z	I	O	P	T	E	Z	W	B	K
U	E	L	M	Q	U	A	D	R	A	T	K	R	C
Q	T	E	O	L	K	N	E	Z	B	D	A	G	E
B	R	N	B	V	A	U	B	K	N	U	W	E	U
C	A	T	Q	H	Q	J	E	M	Q	C	X	L	Q
T	U	Z	U	R	U	M	Q	Y	M	J	G	L	W
Z	Q	C	E	H	A	E	U	B	L	R	D	A	Q
T	G	B	T	M	R	K	E	V	A	T	R	U	B
B	Ü	N	S	W	I	Z	M	P	U	W	Ä	Q	K
L	O	P	C	K	U	R	B	J	Q	L	M	T	Z
Z	H	J	H	W	M	Z	I	O	E	O	L	N	M
B	T	E	E	J	L	P	M	N	Z	R	B	N	C
T	G	B	N	J	Q	U	I	T	T	Z	H	B	W

Wörter mit X / x (1)

Schreibe das Wort.

	Wiederholung	Mehrzahl (Plural)
1. die Axt	die Axt	die Äxte
2. die Box		
3. der Boxer		
4. das Examen		
5. das Experiment		
6. das Exemplar		
7. die Hexe		
8. der Jux		– – – –
9. die Nixe		
10. die Praxis		
11. das Taxi		
12. der Text		

Lösung: 12. die Texte – 11. die Taxis – 10. die Praxen – 9. die Nixen – 7. die Hexen 6. die Exemplare – 5. die Experimente – 4. die Examen – 3. die Boxer – 2. die Boxen

Setze das fehlende Wort ein. Wiederhole dann den ganzen Satz.

1. **exakt**   Der Zug kam _____ um 7 Uhr 15 in Hamburg an.

1. _____

2. **extra**   Oma hat die Handschuhe _____ für dich gestrickt.

2. _____

3. **fix**   Nach einem Dauerlauf sind manche Schüler _____ und fertig.

3. _____

4. **mixen**   Für _____ kann man auch ‚mischen' sagen.

4. _____

5. **verflixt**   „_____! Ich hab' mein Mathe-Buch zu Hause vergessen!"

5. _____

Wörter mit X / x (2)

Kannst du die ‚X/x-Wörter' zuordnen?

die Axt – die Box – der Boxer – das Examen – der Export –
die Hexe – der Jux – die Nixe – die Praxis – das Taxi – der Text –
das Xylofon – exakt – extra – fix – mixen – verflixt

1. Pferdestand die _____
2. weiblicher Wassergeist die _____
3. Mietauto das _____
4. Wortlaut, Beschriftung der _____
5. Musikinstrument das _____
6. Sportler der _____
7. ugs. für ‚verflucht' _____
8. (Abschluss-)Prüfung das _____
9. rasch, schnell _____
10. Gerät zum Zerkleinern von Holz die _____
11. außerdem, besonders _____
12. böses, weibliches Märchenwesen die _____
13. Tätigkeit, Arzträume die _____
14. (ver)mischen _____
15. ugs. Scherz, Spaß der _____
16. genau, sorgfältig, pünktlich _____

Lösung: 1. die Box – 2. die Nixe – 3. das Taxi – 4. der Text – 5. das Xylofon – 6. der Boxer – 7. verflixt – 8. das Examen – 9. fix – 10. die Axt – 11. extra – 12. die Hexe – 13. die Praxis – 14. mixen – 15. der Jux – 16. exakt

Wörter mit X / x (3) – Buchstabensalat

Versteckt sind folgende Wörter:
Axt – Box – Boxer – Examen – Experiment – Explosion – Export – Hexe – Jux – Nixe – Praxis – Saxofon – Taxi – Text – Xylofon – exakt – extra – fix – mixen – verflixt

Die Wörter können waagerecht, senkrecht, diagonal und rückwärts gelesen werden.

Y	H	E	X	E	L	V	M	G	D	P	A	Q	R	T
Ö	P	X	H	T	Z	E	X	P	O	R	T	J	U	G
F	B	P	P	O	Ä	T	Q	W	L	A	I	Z	N	M
E	T	L	I	L	Ö	P	D	S	Z	X	I	R	E	O
U	X	O	B	U	V	J	T	A	X	I	Ö	Y	M	Q
J	C	S	U	K	P	A	Y	D	C	S	K	U	A	W
T	Y	I	Q	T	B	N	O	Q	E	L	Z	S	X	B
H	W	O	H	Y	O	I	C	V	N	M	K	J	E	U
W	Z	N	M	F	X	C	T	X	E	T	J	K	W	V
Z	N	H	O	A	E	G	R	X	H	Q	R	O	T	Ä
J	A	X	T	B	R	W	I	H	G	F	U	X	N	M
N	A	Z	H	B	P	N	N	N	B	Z	I	A	E	Q
S	D	F	G	H	J	O	J	O	R	L	Ö	P	M	Ö
M	V	J	K	O	P	Ü	K	Q	F	N	J	Z	I	T
H	B	U	W	S	C	V	Z	R	T	O	W	D	R	P
T	N	X	H	B	Z	K	E	B	C	S	L	A	E	C
Z	E	T	G	B	Q	V	H	R	T	V	J	Y	P	M
W	X	H	B	V	G	T	R	I	O	U	F	Q	X	N
B	I	T	E	X	T	R	A	G	H	Q	I	N	E	Ö
T	M	G	B	V	C	D	Z	T	K	A	X	E	P	L

Wörter mit X / x (3) – Buchstabensalat Lösung

Versteckt sind folgende Wörter:
Axt – Box – Boxer – Examen – Experiment – Explosion – Export – Hexe – Jux – Nixe – Praxis – Saxofon – Taxi – Text – Xylofon – exakt – extra – fix – mixen – verflixt

Die Wörter können waagerecht, senkrecht, diagonal und rückwärts gelesen werden.

Y	H	E	X	E	L	V	M	G	D	P	A	Q	R	T
Ö	P	X	H	T	Z	E	X	P	O	R	T	J	U	G
F	B	P	P	O	Ä	T	Q	W	L	A	I	Z	N	M
E	T	L	I	L	Ö	P	D	S	Z	X	I	R	E	O
U	X	O	B	U	V	J	T	A	X	I	Ö	Y	M	Q
J	C	S	U	K	P	A	Y	D	C	S	K	U	A	W
T	Y	I	Q	T	B	N	O	Q	E	L	Z	S	X	B
H	W	O	H	Y	O	I	C	V	N	M	K	J	E	U
W	Z	N	M	F	X	C	T	X	E	T	J	K	W	V
Z	N	H	O	A	E	G	R	X	H	Q	R	O	T	Ä
J	A	X	T	B	R	W	I	H	G	F	U	X	N	M
N	A	Z	H	B	P	N	N	N	B	Z	I	A	E	Q
S	D	F	G	H	J	O	J	O	R	L	Ö	P	M	Ö
M	V	J	K	O	P	Ü	K	Q	F	N	J	Z	I	T
H	B	U	W	S	C	V	Z	R	T	O	W	D	R	P
T	N	X	H	B	Z	K	E	B	C	S	L	A	E	C
Z	E	T	G	B	Q	V	H	R	T	V	J	Y	P	M
W	X	H	B	V	G	T	R	I	O	U	F	Q	X	N
B	I	T	E	X	T	R	A	G	H	Q	I	N	E	Ö
T	M	G	B	V	C	D	Z	T	K	A	X	E	P	L

Wörter mit Y / y (1)

✏️ Schreibe das Wort.

	Wiederholung	Mehrzahl (Plural)
1. das Asyl	das Asyl	die Asyle
2. das Baby		
3. das Hockey		– – – –
4. der Gully		
5. das Hobby		
6. die Hyäne		
7. das Pony		
8. der Pyjama		
9. die Pyramide		
10. der Teddy		
11. der Typ		
12. die Yacht		
13. der Yeti		
14. das Ypsilon		
15. Yvonne		– – –

Lösung: 2. die Babys – 4. die Gullys – 5. die Hobbys – 6. die Hyänen – 7. die Ponys – 8. die Pyjamas – 9. die Pyramiden – 10. die Teddys – 11. die Typen – 12. die Yachten – 13. die Yetis – 14. die Ypsilons

Wörter mit Y / y (2)

Kannst du die ‚Y/y-Wörter' zuordnen?

das Asyl – das Baby – der Gully – das Hobby – das Hockey –
die Hyäne – das Pony – der Pyjama – die Pyramide – der Teddy –
der Typ – die Yacht – der Yeti – das Ypsilon – Yvonne

1. legendärer Schneemensch _____

2. Lieblingsbeschäftigung _____

3. weiblicher Vorname _____

4. Säugling, Kleinkind _____

5. Buchstabe _____

6. Zufluchtsort _____

7. Schacht für Straßenabwässer _____

8. kleines Pferd _____

9. Segelboot, Sportboot _____

10. ein Raubtier _____

11. bestimmte Bauart, Muster, Modell _____

12. Nachtanzug _____

13. eine Sportart _____

14. ägyptischer Grabbau _____

15. Stoffbär als Kinderspielzeug _____

Lösung: 1. Yeti – 2. Hobby – 3. Yvonne – 4. Baby – 5. Ypsilon – 6. Asyl – 7. Gully – 8. Pony – 9. Yacht – 10. Hyäne – 11. Typ – 12. Pyjama – 13. Hockey – 14. Pyramide – 15. Teddy